KHEIRA
À CONTRE-PIED

www.editions-jclattes.fr

Kheira Hamraoui
en collaboration avec Dominique Rouch

KHEIRA
À CONTRE-PIED

JC Lattès

Maquette de couverture : Le Petit Atelier
Photo : © Julien BUI – www.julienbui.fr

ISBN : 978-2-7096-7197-2

Première édition : juin 2023.

AVERTISSEMENT

Ce livre est le récit d'un parcours personnel et le témoignage intime de la victime d'une agression. Cette agression fait toujours l'objet d'une enquête pénale et, à ce titre, les différents protagonistes de ce livre sont à ce jour tous présumés innocents. Par ce témoignage, l'auteure n'entend en aucun cas se substituer au travail des enquêteurs et de la justice, et s'inscrit donc dans le respect des personnes et du droit fondamental de la présomption d'innocence.

À mes parents et à ma famille

Prologue

Depuis toujours, on me surnomme la lionne. En raison de ma grande taille, de ma crinière et de mon caractère bien trempé. Des années, je me suis plu à l'idée d'en être une. J'aimais renvoyer cette image-là. La fille forte qui ne craint rien ni personne. Une grande gueule, en quelque sorte. Mais quand j'y pense aujourd'hui, que connaissais-je à la vie pour mériter ce surnom ?

Je suis la dernière d'une famille de cinq enfants. J'ai quatre grands frères qui m'ont toujours protégée et une mère qui nous a consacré sa vie. J'ai été choyée, dorlotée, adorée. J'ai vécu dans un monde idéal où tout le monde il est beau, tout le monde il est gentil. Le monde des bisounours.

Oui, bien sûr, j'ai traversé des épreuves. Comme beaucoup, j'ai dû me battre pour y arriver. J'ai pleuré quand j'avais mal, me suis apitoyée sur mon sort lorsque j'étais confrontée à l'adversité. Comme beaucoup, ni plus, ni moins.

Je savais que la vie pouvait parfois être cruelle. J'en ai fait la triste expérience lorsque mon père nous a quittés. Mais jamais, au grand jamais, je n'aurais imaginé subir ce que j'ai subi. Ces histoires-là n'arrivaient qu'aux autres, pas à moi.

Alors, avec le recul, je me dis qu'avant ce 4 novembre 2021, je n'étais qu'un lionceau, un minuscule lionceau, et encore.

Je ne possédais pas les armes pour supporter une telle douleur. Aussi bien physique que morale. Qu'avais-je fait pour mériter ça ? Pourquoi moi ? Je suis tombée sous les coups. Je me suis effondrée, incapable de faire face à ce déferlement de haine. Puis, grâce au soutien de mes proches, de ma famille, j'ai commencé à redresser la tête. Ma foi m'a permis de ne pas sombrer. Je me disais : si Dieu est avec toi, alors il ne t'arrivera rien. Et Dieu est avec moi.

Cette agression m'a fait grandir. Elle m'a forgée. Je sais, à présent, ce que veut dire se battre. Pour son honneur, pour sa vie.

Je me suis révélée. J'ai découvert une force en moi que je n'aurais jamais soupçonnée. Parfois, je m'interpelle : tu es comme ça, toi ? Tu as cette puissance-là ? Je l'ignorais. Si je n'avais pas été confrontée à cette épreuve, je ne l'aurais probablement jamais su.

Ceux qui ont voulu me détruire ont fait de moi ce que je suis aujourd'hui : une lionne, une vraie.

On peut me raser la tête, rien n'y changera. L'enfant que j'étais a laissé place à une femme. Une femme qui demande et mérite le respect. C'est ce qu'on appelle la résilience ? C'est ça, je suis résiliente. Je sors de cette histoire la tête haute et plus forte que jamais.

Parole de lionne.

1

La descente aux enfers

Le retour aux sources

Le 14 juillet 2021, me voici de retour en France. Je suis heureuse de retrouver enfin ma famille, mon pays. Ma mère et mes frères me manquent et il m'est difficile de ne pas voir grandir mes neveux et nièces. Mon souhait le plus cher est de terminer ma carrière près d'eux et, si possible, au PSG, mon ancien club.

Quand j'y repense, les événements se sont déroulés à toute vitesse. Quelques mois plus tôt, en mai, mon agent, Sonia Souid, prend contact avec Ulrich Ramé, le manager des Girondins de Bordeaux qui s'apprête à rejoindre le club de la capitale. Mon profil l'intéresse. J'ai l'expérience et la culture de la gagne, acquises tout au long de ma carrière, notamment au FC Barcelone où j'ai tout remporté. Il apprécie mon leadership et ma technique. Et puis je suis grande, donc imposante sur le terrain. Ulrich souhaite « faire de moi une pièce maîtresse de son équipe ». Il promet donc à Sonia de revenir vers elle dès qu'il sera nommé au PSG.

Parole tenue. Je quitte Barcelone en voiture. La route est longue, j'ai hâte d'arriver. Tout en conduisant, des pensées vagabondent dans ma tête : la recherche d'un appartement, mon intégration dans le groupe, mon rôle au sein de l'équipe, les relations avec mes coéquipières... Mon esprit bouillonne de toutes ces interrogations, mais je suis heureuse et surtout très excitée à l'idée du nouveau challenge qui m'attend. Surtout cette Ligue des champions que le PSG n'a encore jamais gagnée !

En fin de journée, j'arrive à l'hôtel Mercure de Boulogne-Billancourt. Sonia, Ulrich et Aminata Diallo dormiront aussi là. Nous nous retrouvons au restaurant de l'hôtel vers 20 h. La joie se lit sur nos visages et particulièrement sur celui de Sonia, qui voit enfin se concrétiser de longs mois de négociations. Nous passons d'un sujet à un autre. Ulrich, qui vient de prendre ses fonctions comme manager, nous raconte ses premiers jours au PSG, ainsi que les ambitions du club pour cette saison. Je l'écoute avec attention pendant que Sonia allaite Alec, son petit garçon. C'est un peu sa marque de fabrique. Elle ne se déplace jamais sans son bébé, quels que soient l'endroit où elle se trouve et les personnes qu'elle rencontre. J'aime la façon dont elle impose son statut de femme et de mère dans ce milieu d'hommes. Jamais personne ne lui a fait la moindre remarque, ou n'a osé la ramener. Bien au contraire ! L'effet de surprise passé, ses interlocuteurs paraissent même attendris. Sonia m'a raconté qu'un jour, elle avait rendez-vous avec Jean-Michel Aulas, le président de l'Olympique Lyonnais, pour la signature d'une joueuse. Il lui avait alors proposé de garder Alec en mettant en avant son statut de grand-père !

Je connais Sonia depuis sept ans. Aujourd'hui, elle représente pour moi bien plus qu'un agent. Elle est devenue une amie, une confidente. Au fil du temps, nous avons tissé des relations de confiance, partagé de grands moments de bonheur. Lorsque j'ai été agressée, j'ai mesuré son implication et sa disponibilité. Elle m'a apporté un soutien indéfectible. Je ne la remercierai jamais assez.

Mais ce soir-là, dans l'ambiance détendue du restaurant de l'hôtel, je n'ai pas encore idée de tout ce qui m'attend. Aminata Diallo participe aux conversations. Elle aussi rentre d'Espagne où elle a été prêtée à l'Atlético de Madrid pendant six mois. Oui, dans le football, on dit « prêter »… On emploie ce terme quand un joueur sous contrat avec un club est autorisé à jouer pour un autre.

Aminata réintègre, comme moi, le PSG, mais… pour une saison seulement.

Nous avons le même agent, Sonia. Nous nous connaissons bien. Nous nous sommes rencontrées par l'intermédiaire d'amis communs. Je ne dirai pas qu'un feeling est passé entre nous, mais plutôt une forme de sympathie. Nos discussions se limitent à des sujets comme le foot, la religion, bref, des sujets qui nous tiennent à cœur. Cela ne nous empêche pas de rigoler et de partager des moments agréables. D'ailleurs, avant de nous rendre à Paris, nous avons passé quelques jours de vacances ensemble, avec d'autres amis, en Tanzanie.

Reposées, détendues et bronzées, nous sommes donc dans les meilleures dispositions pour notre retour au PSG. La saison s'annonce belle.

Le lendemain matin, je me rends au club pour passer les tests médicaux puis, en fin d'après-midi, Sonia et son frère Samy me rejoignent pour la signature de mon contrat. Mon frère aîné et ma mère sont à mes côtés. J'ai absolument tenu à ce qu'ils soient présents ! Surtout ma mère, qui n'a jamais assisté à un événement de ce genre. Dans mon esprit, le PSG sera probablement mon dernier club, il est important de la faire participer et de garder un joli souvenir de ce moment avec elle.

Le 16 juillet, l'équipe est attendue au centre d'entraînement de Bougival, dans les Yvelines. Les dirigeants nous accueillent avec enthousiasme. Je connais le club pour y avoir joué durant quatre ans avant mon départ pour Lyon, puis pour l'Espagne. Certains visages me sont familiers.

Je suis ravie, notre groupe a l'air sympa et surtout très motivé. Nous irons loin toutes ensemble, j'en suis certaine. Forte de mon expérience barcelonaise, je reviens dans ce club en leader. Je suis la seule Française championne d'Europe. J'espère pouvoir apporter mon expérience à cette équipe.

Forcément, des affinités se créent entre les joueuses. Je fréquente beaucoup Sakina Karchaoui et Aminata Diallo. Toutes les trois, nous résidons à l'hôtel Holiday Inn, près du centre d'entraînement, en attendant de trouver un logement. Sakina a signé au PSG après avoir joué une saison à l'Olympique Lyonnais, l'année précédente. Je la connais depuis les JO de Rio en 2016. À ce moment-là, nous étions potes, mais sans plus. Quelques messages de temps en temps pour prendre des nouvelles, mais notre relation n'allait pas au-delà. Aujourd'hui, je la considère comme ma sœur de cœur !

Nous vivons toutes les trois H24 ensemble, depuis l'hôtel jusqu'aux entraînements, sans oublier quelques sorties le soir. Ce quotidien tisse inévitablement des liens.

Début octobre, je trouve enfin un appartement. Un cocon douillet dans une petite résidence à l'ouest de Paris. Et cerise sur le gâteau, Sakina emménage à quelques rues de chez moi.

Comme un bonheur n'arrive jamais seul, je suis rappelée en équipe de France deux semaines plus tard. Corinne Diacre, la sélectionneuse, n'avait plus fait appel à moi depuis deux ans. Pourquoi ? Mystère. Je me suis longtemps posé la question sans jamais trouver de réponse. Mais l'heure n'est pas aux regrets ni à la réflexion. Le plus important est que je regagne ma place avec les Bleues. Je suis d'autant plus heureuse qu'il s'agit d'un stage de dix jours. Je vais pouvoir me reconnecter avec les filles, la coach et tout le staff. Et puis, c'est toujours un pur plaisir de se retrouver au château de Clairefontaine, ce lieu devenu mythique depuis la victoire en Coupe du monde de l'équipe de France en 1998.

Hélas, ma joie sera de courte durée… La veille du rassemblement, lors d'une rencontre contre Saint-Étienne, je me blesse au mollet en courant. J'ai du mal à marcher. Je connais bien cette douleur, je l'ai ressentie plusieurs fois au même endroit.

Dès le lendemain, je pars à Clairefontaine faire constater ma blessure. Le médecin diagnostique une lésion. Le couperet tombe : deux semaines d'immobilisation. Je ne suis pas surprise, je m'en doutais. Je suis triste, mais l'essentiel est ma réintégration en équipe de France. Je me dis : « Allez, Kheira, ce sera pour la prochaine fois ! »

La coach essaie de trouver les mots justes pour me réconforter. Elle m'assure, en effet, que ce n'est que partie remise.

Je quitte le centre technique et je rentre à Paris. Quelques heures plus tard, une autre joueuse arrive… Aminata Diallo. Elle a été appelée pour me remplacer. Normal, lorsqu'une joueuse est blessée, une autre prend sa place, c'est la dure loi du football. Il faut l'accepter. Et dans ce cas, le malheur des unes fait le bonheur des autres.

Les jours passent, je récupère doucement mais sûrement. Mes blessures ne nécessitent plus de soins, seulement beaucoup de repos. Il m'arrive de tomber sur des images du stage de l'équipe de France. Le groupe semble soudé. Ça rigole bien. J'aperçois mes coéquipières, toutes joueuses au PSG. Aminata Diallo, Sakina Karchaoui, Marie-Antoinette Katoto et Grace Geyoro. J'éteins la télé avec un petit pincement au cœur. J'aurais tellement aimé être avec elles. À ce moment-là, je ne sais pas encore que le rouleau compresseur s'est déjà mis en marche pour me broyer.

Le corbeau

J'ai hâte que les filles reviennent de Clairefontaine. Hâte de reprendre les entraînements et les matchs. J'avoue me sentir un peu seule sans elles. La vie est nettement moins fun quand elles ne sont pas là.

À la fin du mois d'octobre, la veille de leur retour, je ne sais pourquoi, j'ai du mal à trouver le sommeil. Je m'endors et me réveille plusieurs fois dans la nuit avec une sensation désagréable. Anormalement agitée. J'ai un mauvais pressentiment. Un malaise semblable à celui qu'on ressent quand on s'embrouille avec quelqu'un. Au matin, je m'efforce de chasser ces pensées noires.

Quelques heures plus tard, je pars au centre d'entraînement. À peine arrivée, j'aperçois Sakina qui fonce vers moi. Le visage fermé, le regard noir, elle semble énervée. Je comprends très vite qu'un sale truc est arrivé. Je m'arrête à hauteur des escaliers, tout près des vestiaires, et j'attends. Elle attaque :

« Pourquoi tu racontes des saloperies sur nous ? »

Je n'ai pas le temps de répondre qu'elle enchaîne :

« Ça t'amuse de divulguer des ragots ? »

Je tombe des nues, je ne comprends pas de quoi elle parle et lui demande calmement de m'expliquer.

« Pendant le stage, ton ex a appelé Aminata, Grace, Katoto et moi pour nous dire que tu bavais sur nous, que tu racontais des conneries sur nous en permanence. »

Stupéfaite, je ne parviens pas à articuler un son, ce qui l'encourage à poursuivre :

« Ne fais pas comme si tu ne comprenais pas. Ton ex nous a vivement conseillé de ne pas traîner avec toi parce que tu es une mauvaise personne, une fille toxique. »

Je suis abasourdie. Mais de quoi, de qui parle-t-elle ?

D'une voix à peine audible, je lui demande de me donner le numéro du type qui se fait passer pour mon ex.

« Ses appels étaient masqués. »

Je ne tiens plus sur mes jambes et m'assieds sur les marches. Les questions se bousculent dans ma tête. Comment ce mec s'est-il procuré les numéros de quatre joueuses du PSG ? Et pourquoi elles ? Comment sait-il que je traîne avec ces filles ? Comment peut-il dire que je raconte des saloperies sur elles alors que je vivais à Barcelone ? J'ignorais que j'allais signer au PSG !

Tous ces propos n'ont aucun sens. Mais ce n'est pas tout. J'apprends que ce gars sait où j'habite alors que j'ai emménagé récemment. Il sait aussi que Sakina loge tout près de chez moi. Personne ne connaît notre adresse... S'il est un ex, il n'a donc plus de nouvelles de moi, n'est pas au courant de ma vie.

Sakina continue de me balancer des infos plus invraisemblables les unes que les autres :

« Il sait tout sur toi et tu me fais croire qu'il n'existe pas ? Il connaît même la marque et la couleur de ta voiture. »

Je crois rêver. J'ai acheté cette voiture juste avant de quitter Barcelone. Seules mes coéquipières sont au courant. Je m'en sers rarement, et seulement pour mes sorties personnelles. Qui est cet homme qui connaît les moindres détails de ma vie et se fait passer pour mon ancien compagnon, visiblement pour me détruire ?

Sakina m'assène le coup final :

« Et surtout, ne t'avise pas de t'approcher d'Aminata, elle veut te défoncer ! Tu as dit des horreurs sur elle, tu es jalouse et tu l'envies. »

J'apprendrai plus tard que la veille, Aminata avait appelé Sakina pour lui demander où j'habitais. Son ton était sec : « Donne-moi son adresse et pose pas de questions. » C'était mal connaître Sakina, qui avait demandé des explications. « Je vais aller chez elle et je vais l'attraper », avait répondu Aminata. « Si tu veux avoir une discussion avec elle, viens me chercher et nous irons ensemble », avait proposé Sakina.

Ainsi, à une heure avancée de la soirée, elles s'étaient retrouvées devant la grille de mon immeuble. Sakina avait tenté de me joindre, mais je dormais. Cette fameuse nuit où j'avais du mal à trouver le sommeil… Étonnamment, Aminata n'avait pas insisté :

« Laisse tomber, on la verra demain. »

J'en déduis aujourd'hui qu'elle ne voulait pas me voir ce soir-là, mais seulement connaître mon adresse précise. Elle ne m'avait déposée qu'une seule fois devant mon domicile, sur mes indications.

Retour aux escaliers, près des vestiaires et de Sakina énervée. Derrière elle, je repère Aminata qui s'approche de nous. Là, il n'est plus question de colère, mais de haine. L'expression de son visage me fait peur.

« Tu as dit quoi sur moi ? Tu es jalouse de moi, c'est ça ? »

Aberrant ! J'ai tout gagné dans ma carrière, je n'ai pas de problèmes financiers, je suis titulaire indiscutable au PSG. Que pourrais-je lui envier ? Je n'ai jamais prononcé le moindre mot contre elle ! Plus elle parle, plus elle est enragée. J'ai le sentiment qu'elle est prête à me bondir dessus. « Tu es jalouse de moi, tu baves sur moi auprès de tout le monde. »

La situation est tellement lunaire que je ne trouve même pas d'argument pour me défendre. La seule chose qui me vient à l'esprit :

« Vous me faites une blague, les filles, c'est pas possible ?! »

Raté. Visiblement, ce n'était pas un canular. Alors je rends les armes. Dépassée par l'incompréhension, ébahie face à l'agressivité de mes deux coéquipières, je fonds en larmes. Aminata me fixe tout en restant de marbre, alors que je perçois un brin de compassion dans le regard de Sakina. Elle m'avouera plus tard avoir été touchée par mon chagrin et avoir douté : « Tu me faisais trop de peine. Je voyais bien que tu étais sincère. » Marie-Antoinette Katoto et Grace Geyoro, qui, elles aussi, ont reçu les appels du corbeau, n'y ont jamais vraiment prêté attention.

Je pleure. Je pleure parce qu'intuitivement, je comprends que plus rien ne sera jamais comme avant.

J'ai vécu mes deux premiers mois au PSG comme dans un rêve. J'étais cadre dans l'équipe, capitaine lors d'un match de préparation. Je prenais souvent la parole dans le groupe, il m'arrivait même de faire le relais entre le coach et les filles. Oui, j'étais une joueuse importante au sein de ma team. Et en un claquement de doigts, tout s'écroule. On me déteste pour des mots que je n'ai jamais prononcés.

Didier Ollé-Nicolle, le coach, qui a suivi la scène de loin, s'approche de moi et me questionne. Il prend acte de mes propos, puis repart.

J'essaie de rassembler mes pensées, de rationaliser. Si je résume, quelqu'un cherche à me nuire et à liguer les filles contre moi. Pourtant, je n'ai personne à soupçonner ! Je ne me connais pas d'ennemis.

Je suis complètement désemparée.

En fin de journée, je rentre chez moi. Je laisse mon téléphone sonner dans le vide. Je suis incapable de répondre. Mes gestes sont ceux d'un automate. Je me jette sur mon canapé et tente à nouveau de réfléchir. Mais j'ai beau tourner l'histoire dans tous les sens, je ne comprends pas. Je me remémore les discussions que j'ai eues avec les uns et les autres, mais je n'ai aucun souvenir d'avoir mal parlé d'Aminata. Insidieusement, le doute s'installe dans mon esprit. La culpabilité aussi. Merci, l'effet pervers d'une fausse accusation : on finit presque par s'inventer une faute !

Et si, sans m'en rendre compte, j'avais prononcé une mauvaise parole contre Aminata ? Si je l'avais blessée involontairement ? Je ne supporte pas de faire de la peine aux gens, surtout quand ils ne m'ont rien fait ! Je saisis mon téléphone et lui envoie un message :

Je suis perdue, je ne comprends pas cette situation. Je suis certaine que quelqu'un me veut du mal, mais si je t'ai blessée, alors je m'en excuse. Sache que c'était totalement involontaire de ma part.

Je reste les yeux rivés sur mon téléphone dans l'attente d'une réponse. Quelques minutes plus tard, ma famille débarque chez moi. Personne n'est au courant de ce qui m'arrive. J'essaye de donner le change en plaisantant, faisant mine de m'intéresser aux conversations. Mon téléphone est posé sur la table. Des textos arrivent, mais aucun d'Aminata. Puis la sonnerie retentit. C'est elle. Je sors de la pièce. Sa voix est calme :

« T'inquiète. Tant que tu n'as rien dit contre ma famille, c'est l'essentiel. Ce que tu peux raconter sur moi, je m'en fous. »

Mais je n'ai rien dit sur elle ! Comment l'en persuader ? Elle me pose alors une question étonnante :

« Kheira, si tu as la certitude que quelqu'un cherche à te nuire, penses-tu que ça risque de t'affaiblir sur le terrain ? »

Du tac au tac, je lui confirme que le mental joue un rôle important et que, du coup, je craindrais en effet d'être moins performante.

En prononçant cette phrase, sans le savoir, je lui offre ce qu'elle attend. Aminata pense avoir atteint son objectif : me fragiliser mentalement et, par conséquent, sportivement. Du moins, c'est ce qu'elle croit. Car c'est bien mal me connaître. Je l'ai dit, je suis très croyante. Le mal qu'on me fait, Dieu le transformera. Il ne me lâchera pas. Les mois suivants porteront la trace de cette certitude. Je ne faiblirai pas. Ni aux entraînements, ni pendant les matchs. La rage qui m'habite quand je suis sur un terrain restera intacte.

Après cette question déroutante, dont je ne saisis pas la portée nuisible sur le coup, Aminata poursuit :

« Je vais te faire une confidence. Sache qu'au sein du club, il y a un type qui ne t'aime pas et qui veut te casser. C'est César. »

Elle m'avait déjà tenu ce même discours, quelques mois auparavant, lors de notre séjour en Tanzanie.

César est l'un de ses amis les plus proches. Il est également le compagnon de Kadidiatou Diani, une joueuse de mon équipe, et le conseiller de Marie-Antoinette Katoto.

César ? Je ne connais pas cet homme-là. Pour quelle raison me voudrait-il du mal ?

Les jours qui suivent me laissent penser que la situation s'apaise. Aminata se rapproche de moi et cherche ma compagnie. Nous passons des heures à discuter de cette affaire et, inlassablement, elle me met en garde contre César qui, selon elle, est à l'origine de toutes ces rumeurs.

Un jour, alors que nous sommes à table, elle me dit : « César te traite de pute et ne comprend pas pourquoi on traîne avec toi », puis elle sort son téléphone et m'affiche le texto prouvant qu'elle dit la vérité. Est-ce un vrai message ? Je n'en sais rien. Toujours est-il qu'elle réussit, là encore, à me persuader.

Cependant, un détail me chiffonne : comment se fait-il qu'Aminata balance l'un de ses meilleurs amis ? Cela ne se fait pas. Quand tu aimes, tu protèges et tu la fermes quoi qu'il arrive.

Ce détail m'empêche de lui faire pleinement confiance. Un jour, je l'entends dénigrer ses propres amies sur le terrain alors qu'elle ne joue pas. Je me dis que, si elle est capable de baver sur ses proches, elle peut aussi le faire avec moi. Par prudence, j'installe une distance entre elle et moi. Mais je suis ambivalente car, d'un autre côté, j'essaie de me raisonner : cette histoire s'atténuera avec le temps. Je minimise. Ce n'est pas si grave.

Malgré tout, je demande à être reçue par le directeur sportif, Ulrich Ramé, pour le tenir au courant. Je lui précise que le « corbeau » est lié à des personnes du PSG. Il m'écoute attentivement, mais ne réagit pas. J'insiste : « Je ne suis pas tranquille, je ne comprends rien à tout ça. Je n'ai jamais eu de problèmes ni de conflits avec qui que ce soit ici. »

Comme le coach, Ulrich prend note, et ne fait rien.

J'ignore encore qu'Aminata nourrit une haine viscérale contre moi depuis notre arrivée au PSG. Lorsque j'accéderai à mon dossier des mois plus tard, je découvrirai des conversations entre elle et ses proches. Ces conversations antérieures à l'agression prouveront qu'elle me détestait depuis longtemps. Les mots qu'elle utilise pour me décrire sont édifiants : « Elle n'a rien à faire dans cette équipe, c'est qu'une lèche-cul. Elle est titulaire juste parce qu'elle vient du Barça, mais elle n'a pas le niveau. Elle est nulle. »

Quelques jours plus tard, nous partons à Dijon disputer un match. L'ambiance semble redevenue normale. Notre petit groupe de filles s'est reconstitué comme si rien ne s'était passé.

Nous dormons à l'hôtel comme à chaque veille de match. Je partage la chambre avec Sakina. Le soir, après le dîner, Aminata passe nous voir. À peine a-t-elle franchi le pas de la porte qu'elle engage à nouveau la conversation sur César :

« Je ne comprends vraiment pas pourquoi il est si haineux envers toi. »

Voilà qu'elle recommence à le charger. Cette fois, je lui rétorque :

« César est ton ami, tu es très proche de sa femme et tu viens me rapporter ce qu'il dit sur moi ?

— Oui, c'est mon ami, mais quand il balance des conneries sur les gens, je ne l'écoute pas. Je ne prends que les bons côtés chez lui. De toute façon, il parle mal de tout le monde, il n'aime personne. »

Les bras m'en tombent. Là, j'avoue, je suis complètement perdue. Cet homme me déteste sans me connaître et Aminata, sa prétendue amie, semble prendre mon parti…

Après cette discussion, impossible de dormir. Les questions défilent : à quoi joue Aminata ? Pourquoi me veut-on du mal ? Qu'ai-je fait ?

Malgré la bonne ambiance qui règne à nouveau dans le groupe, je ne parviens pas à me détendre.

Quelques semaines plus tôt, Ulrich et l'attachée de presse du PSG m'avaient adressé un message ainsi qu'à Grace Geyoro pour nous annoncer l'organisation d'une soirée de cohésion. Objectif : que les nouvelles venues s'intègrent et fassent connaissance avec les anciennes du club et le staff. Une idée géniale que nous avions approuvée. La date est fixée, ce sera le 4 novembre. Reste à choisir le lieu.

« Réfléchissez et faites-nous des propositions. »

Nous optons pour le Chalet des Îles. Un restaurant niché au cœur du bois de Boulogne, accessible seulement par barque. L'endroit est convivial et paisible. Un havre de paix. Nous nous réjouissons de passer une soirée ensemble dans ce cadre idyllique.

La veille, je reçois un message d'Aminata qui propose gentiment de passer nous chercher, Sakina et moi, puisque nous habitons tout près l'une de l'autre. Le lendemain, quelques minutes avant le départ pour le restaurant, nouveau message :

Va chez Sakina et nous partirons de chez elle.

Je lui explique que pour aller à Paris, nous devons obligatoirement passer par la rue perpendiculaire à mon domicile, il est donc préférable qu'après avoir récupéré Sakina, elle vienne me chercher. Et non l'inverse. Aminata accepte et nous voilà parties toutes les trois, Sakina devant, moi à l'arrière. Le trajet se déroule normalement.

La musique à fond, nous discutons, nous chantons comme d'habitude.

L'agression

Nous arrivons au restaurant vers 20 h. Tout le monde est là, un bonheur ! Seul petit bémol : j'ai très froid. Il faut dire que je porte une longue chemise noire sur des collants. Pas vraiment une tenue d'hiver...

Nous nous installons à la même table. Rien dans l'attitude d'Aminata ne peut me laisser imaginer la suite. En fait, je ne me méfie de personne. Pour moi, cette histoire fait partie du passé. J'ai retrouvé mes coéquipières et ma place au sein du groupe, je n'ai aucune raison de me montrer vigilante.

La soirée se termine tôt, vers 22 h. Nous avons une séance d'entraînement le lendemain et nous ne pouvons pas nous permettre de veiller trop tard. Nous partons comme nous sommes venues, c'est-à-dire toutes les trois. Cette fois, je m'installe à l'avant.

Le calme règne dans la voiture. Nous ne parlons quasiment pas. Après cette belle soirée, nous sommes fatiguées. Toutefois, plusieurs détails m'interpellent. Aminata ne met pas de musique, ce qui ne lui ressemble pas. Je ne cherche pas à comprendre. Je la connais suffisamment pour savoir qu'elle peut parfois se comporter bizarrement. Se couper des autres sans raison particulière.

Je remarque également qu'elle conduit en regardant régulièrement son portable. Dès qu'elle reçoit un message, elle s'arrange pour tourner le téléphone du côté de la portière de façon que je ne puisse pas lire. Je ne comprends pas. Je n'ai jamais fait preuve d'indiscrétion ! Son attitude me paraît anormale mais, là encore, je me raisonne et n'y prête pas plus attention.

Lorsque nous arrivons près de mon immeuble, Aminata ne s'arrête pas. Je lui demande de stopper.

« J'habite juste en face. Tu peux me déposer ici.

— Non, non, t'inquiète. Je raccompagne d'abord Sakina et toi après. »

J'insiste, mais elle ne veut rien entendre. Sakina, tout aussi surprise que moi, tente de lui faire entendre raison. Impossible.

« Tranquille, les filles, je te dépose d'abord et ensuite je ramènerai Kheira. »

À proximité du domicile de Sakina, Aminata roule à très faible allure. Cette lenteur me semble vraiment étrange. Mais je me dis que les rues sont étroites. Ceci explique cela. Décidément, quand on ne veut rien voir, on ne voit rien…

La voiture s'immobilise devant la maison de Sakina, au début de la rue. Après quelques banalités échangées, elle descend. Aminata redémarre. J'engage une discussion avec elle. Elle ne réagit pas. Ses yeux vont et viennent du téléphone au pare-brise.

Nous roulons au pas. La rue est calme. Personne à l'horizon. Il est environ 23 h. J'aperçois quelques lumières encore allumées aux fenêtres des maisons. Le froid me saisit. Je me promets de ne plus jamais m'habiller aussi légèrement en plein hiver. Je n'ai qu'une hâte : rentrer chez moi, au chaud. Me couvrir.

Nous arrivons au bout de la rue. Des voitures et une camionnette sont stationnées sur le côté gauche.

Soudain, deux ombres en surgissent. Deux hommes plutôt jeunes, cagoulés. Ils se précipitent vers le capot de notre voiture. Le premier se poste près de la portière d'Aminata et le second près de la mienne. Il tambourine à la fenêtre et m'ordonne d'ouvrir. J'oublie le froid, mes doutes, je suis juste tétanisée.

Ils veulent nous dépouiller. Ils ne nous ont pas reconnues, c'est certain. Nous nous trouvons, hélas, au mauvais endroit, au mauvais moment. Mais pourquoi ici ? Dans cette minuscule ruelle d'une petite ville chic de banlieue ? Il n'y a pas âme qui vive ! En même temps, c'est l'endroit idéal pour braquer sans se faire attraper…

Mais très vite, je comprends que je suis visée. Cet homme sait qui je suis. Il s'adresse à moi, Kheira, tandis que son acolyte ne parle pas à

Aminata. Il reste planté devant sa portière, silencieux et immobile. Mes pensées se bousculent. Comment ont-ils pu savoir que je passerais dans cette rue à cette heure précise ? Nous n'avons pas été suivies, j'en suis certaine.

La voiture d'Aminata est une automatique. Elle n'a qu'à appuyer sur l'accélérateur pour échapper aux agresseurs, or… elle ne bouge pas. Malgré ma panique, je me dis que la peur la paralyse, qu'elle va reprendre ses esprits puis démarrer. Il est encore temps.

Au fond de moi, je sais pourtant que cette attitude ne colle pas avec sa personnalité. Une telle réaction ne lui ressemble pas. Aminata a toujours revendiqué haut et fort qu'elle ne craignait rien ni personne. Le mot « peur » est absent de son vocabulaire. Plus d'une fois, je l'ai entendue se vanter d'avoir tout connu. Elle a assisté à des règlements de compte, des fusillades. Elle a vu des gens mourir sous ses yeux. Une dure à cuire qui s'est forgée dans l'adversité de son quartier.

Je n'ai jamais douté de ce qu'elle nous racontait, il suffit de l'entendre parler et de la voir pour comprendre qu'il ne faut pas s'y frotter. Ce côté guerrier ne cadre pas du tout avec son inertie derrière le volant, alors que nous sommes en train de nous faire agresser. Ce ne sont quand même pas deux petits mecs planqués sous leur cagoule qui vont l'effrayer ! Alors pourquoi une telle attitude ? Un coup d'accélérateur et nous sommes sauvées.

L'un des deux hommes m'ordonne encore d'ouvrir la portière, de plus en plus menaçant. Par réflexe, je serre la poignée de toutes mes forces avec ma main car, à ce moment-là, j'ai encore l'illusion que la fermeture automatique est actionnée. Il n'en est rien. L'agresseur, enragé, ouvre violemment la porte alors que l'autre, toujours posté devant Aminata, lui assène :

« Toi, tu bouges pas ! »

Je trouve la force de le supplier :

« Prenez ma montre, mon téléphone, mon sac ! Prenez tout ce que vous voulez, mais laissez-nous ! »

Il ne m'entend pas. Il n'est pas venu pour ça. Il répète :

« Ferme ta gueule ! »

Il attrape le col de ma chemise, pour m'extraire de la voiture. Je perds l'équilibre. Je tombe, il me traîne sur le bitume.

Il cherche quelque chose dans son blouson. La nuit est noire. Je distingue une masse sombre, longue, je crois reconnaître un couteau puis je pense à une hache. À ce moment-là, j'ai la certitude de vivre mes derniers moments. Il va me massacrer et je vais mourir. Mon esprit se brouille. Je ne réfléchis plus. Une phrase revient en boucle dans ma tête : « C'est fini pour moi. » Il lève l'objet.

C'est une barre de fer.

Tout va très vite. Il me frappe une jambe, puis l'autre. Cuisses, genoux, tibias. Ses forces semblent décuplées. Je hurle. Je me débats comme je peux, je gesticule dans tous les sens. Par chance, je porte, ce soir-là, des baskets avec une grosse semelle qui me sert de paravent. Dès que la barre de fer s'abat sur moi, je tends mon pied pour parer les coups. Grâce à cette paire de chaussures, j'ai peut-être évité le pire.

Après chaque attaque, l'agresseur s'éloigne pour éviter de toucher le haut de mon corps et mon visage et se reconcentrer sur le bas. Puis il reprend. Par réflexe, je protège mes jambes avec ma main. La barre de fer l'écrase. La douleur est fulgurante.

Je crie, je pleure, je lui dis que j'ai mal, je le supplie d'arrêter, mais en vain. L'homme continue de me tabasser en m'insultant :

« Ferme ta gueule, sale pute ! »

Je ne réalise pas ce que je suis en train de vivre, ni qu'il est en train de détruire mon « outil de travail » : mes jambes.

À cet instant, un automobiliste emprunte la rue puis se poste derrière nous. Il ne descend pas pour me porter secours, sans doute par crainte d'y passer, lui aussi. Je ne lui en veux pas, je lui dois ma survie. Sans lui, où serais-je aujourd'hui et dans quel état ?

Les deux hommes prennent peur et s'éloignent. Mais mon agresseur revient sur ses pas. La terreur me glace le sang, va-t-il me frapper à nouveau ? Non, il braque son regard sur moi et prononce quelques paroles. Malgré mes cris de douleur, je crois entendre les termes « homme marié ».

Ces mots lui ont été dictés, imposés. Je le sens, c'est une évidence. Il les récite. Il est parti, puis revenu, parce qu'il avait oublié de les prononcer.

Puis il disparaît dans la nuit.

Un lourd silence s'abat sur la ruelle.

Je me relève d'un bond. J'ai la main écrasée, les jambes lacérées, mais j'ai tellement peur qu'il revienne pour m'achever que l'adrénaline supplante la douleur et me donne une force irréelle. C'est une panique pure, instinctive et sauvage : fuir pour rester en vie. Mon corps est anesthésié, je ne vois même pas le sang, la souffrance physique n'existe plus, seule compte l'urgence absolue de partir.

Je me jette dans la voiture. Aminata est là, silencieuse. Immobile et sans réaction. Je la retrouve dans la même position qu'avant l'agression. Je réalise qu'à aucun moment je ne l'ai entendue crier. Elle aurait aussi pu klaxonner pour attirer l'attention.

Le sang qui coule de ma main se répand sur le siège. La douleur commence à se réveiller. Les questions, aussi : pourquoi moi ? Comment savaient-ils que je serais dans cette rue à cette heure-ci ?

Je supplie Aminata :

« Démarre ! J'ai trop peur ! Vite ! Vite ! »

Alors, d'une voix éteinte, presque sourde, du bout des lèvres, elle demande :

« Ça va ? »

Puis elle plonge sur son écran de portable.

Je crie :

« Appelle Sakina ! Préviens-la !

— Je l'ai appelée plusieurs fois. Elle ne répond pas. »

J'apprendrai plus tard qu'elle n'a essayé de la joindre qu'une fois.

Enfin, Aminata allume le contact. Pour aller chez Sakina, il suffit de faire le tour du pâté de maisons, mais le trajet s'éternise. Je me mets à hurler : « Fais demi-tour ! Ce n'est pas la bonne route ! »

De ma main valide, je sors mon téléphone pour appeler Salim, un ami qui deviendra, par la suite, mon garde du corps. C'est le seul auquel je pense à ce moment-là. Je le connais depuis un an. Il s'occupait de la sécurité d'une personnalité. Nous avons sympathisé très vite et, de temps en temps, nous nous téléphonons. J'aime bien discuter avec lui. Il est direct et ne passe pas par quatre chemins pour asséner une vérité, au risque de blesser ou de se fâcher. Il m'inspire confiance. D'ailleurs, je l'avais mis au courant des appels masqués.

Entre larmes et panique, je me tourne intuitivement vers lui. Son métier est de protéger. À cet instant, j'ai vraiment besoin de l'être. J'arrive à peine à composer son numéro tant ma main tremble. Heureusement, il décroche. Les sanglots m'empêchent de parler.

« Salim ! Salim ! Ils m'ont… »

Il ne comprend pas immédiatement : comme nous fonctionnons très souvent sur le mode de la taquinerie, il commence à rire, persuadé que je plaisante.

« Salim, je me suis fait agresser ! Je pars à l'hôpital ! »

Fini de rire… Sans poser de questions, Salim part aussitôt me retrouver.

Nous arrivons enfin chez Sakina. Elle se précipite vers nous. En découvrant le sang sur mes mains et mes jambes, elle se met à crier et me serre dans ses bras. Aminata redémarre, cette fois un peu plus vite, direction l'hôpital. Mais elle se trompe de trajet, se dirige n'importe où. Sakina décide alors de conduire à sa place. Elle saute de la banquette au siège avant et s'empare du volant pendant qu'Aminata fait le tour pour s'installer à l'arrière. La tête posée contre la vitre, je réagis à peine. J'ai froid, je tremble. J'essaie de respirer lentement. Mes jambes me font souffrir, mais ce n'est rien à côté de ce que j'endure avec ma main. Je remarque que mon téléphone et mon sac sont trempés de sang. Aminata ne me réconforte pas, ne m'adresse pas la parole. Elle reste vissée à son téléphone. Son comportement est incompréhensible. Je viens de vivre la pire nuit de ma vie, pourtant elle demeure imperturbable.

Nous cherchons désespérément un hôpital. Celui de Saint-Germain-en-Laye n'est pas en mesure de nous accueillir. Nous reprenons la route jusqu'à l'hôpital de Poissy où, Dieu merci, nous apercevons du monde à travers les vitres. J'ai besoin de soins urgents.

Un soignant s'approche, il comprend que nous sommes footballeuses. Pour ne pas créer d'émeute, il m'installe rapidement dans une chambre. Je m'allonge, enfin.

Le coach adjoint du PSG arrive aux urgences. Salim et Fred, le responsable adjoint de la sécurité du club, le rejoignent peu de temps après. Je suis en état de choc. À aucun moment l'idée que je ne pourrais peut-être plus jamais jouer au foot ne m'effleure. Ma main me fait si mal que j'en oublie mes blessures aux jambes. L'infirmier, adorable, tente de me soigner. J'ai peur, mes muscles se contractent et l'empêchent de faire son travail. En dernier recours, il pose sur mon visage un masque qui diffuse un gaz apaisant. Je commence à me relâcher.

Mes collants sont en lambeaux. L'infirmier enlève ce qu'il en reste et découvre que j'ai une plaie ouverte au niveau du tibia, un trou derrière la cuisse, des hématomes partout. Ma main est également ouverte. Le soignant désinfecte mes blessures, suture puis bande ma main et mon tibia.

Fred, Salim et Sakina m'entourent du mieux qu'ils le peuvent. Ils sont tout aussi hagards que moi. Aminata nous rejoint. Une fois tous réunis, Salim prend la parole :

« Je ne sais pas ce qu'il s'est passé, mais il faut que vous sachiez une chose, ce ne sont pas les policiers qui mettent des amendes sur les pare-brise qui vont gérer cette affaire. Une institution a été touchée. Le PSG a été attaqué. C'est très grave. Les commanditaires de cette agression pourront casser leur téléphone, le jeter dans la Seine, changer de numéro, ça ne changera rien. Les flics remonteront jusqu'à eux. »

Le silence dans la chambre est assourdissant. Personne ne réagit. J'ai l'impression de vivre un cauchemar.

La seule bonne nouvelle est celle de ma sortie. Les médecins ne jugent pas utile de me garder. Je quitte donc l'hôpital quelques heures plus tard, avec une ordonnance de somnifères. Pour l'anecdote, quand ma mère découvrira ces médicaments dans mon sac, elle les jettera directement à la poubelle, en criant : « Il est hors de question que tu prennes ça, tu vas devenir dépendante ! » J'en aurais pourtant eu grand besoin…

Juste avant de quitter l'hôpital, le directeur de la sécurité s'approche de Salim et lui propose d'assurer notre protection pendant vingt-quatre heures. Il accepte.

J'ai du mal à mettre un pied devant l'autre. Je boite, j'avance lentement, mais au moins je marche sans béquille, ni l'aide de personne !

Aminata, Sakina et moi devrons dormir à l'hôtel, par mesure de sécurité. Accompagnée de Fred, je passe récupérer quelques affaires chez moi. Salim en fait autant avec mes deux coéquipières. Arrivée devant mon immeuble, je suis prise de panique. J'ai peur d'ouvrir la porte, de retrouver mon appartement cambriolé et des hommes cagoulés à l'intérieur. Car où sont-ils à présent, ces hommes qui m'ont agressée ?

Le directeur de la sécurité me précède dans l'appartement. Tout est calme. Je prépare un sac en vitesse.

L'incompréhension

Trois chambres sont réservées à l'Holiday Inn de Bougival. Une pour Salim et les deux autres pour nous trois, car il était préférable de dormir ensemble ce soir-là. Tout est mis en place pour nous protéger.

Contre toute attente, Aminata annonce qu'elle ne souhaite pas rester avec nous. Surprise, je m'interdis de lui poser des questions. La logique voudrait que les deux filles agressées restent ensemble, pour se serrer les coudes, pour reparler de ce qu'elles viennent de vivre, mais visiblement, elle ne voit pas les choses comme moi.

Nous montons cependant toutes les trois dans la chambre que j'occupe avec Sakina. Nous nous allongeons sur le lit. Aminata reste debout, face à nous, appuyée au bureau. Elle semble réfléchir, puis me lance :

« Tu as entendu quand l'agresseur t'a dit que tu touchais aux hommes mariés ?

— Comment as-tu pu entendre cette phrase alors que tu étais enfermée dans la voiture ? » rétorque Sakina sans me laisser le temps de réagir.

Aminata ne relève pas et poursuit :

« Kheira, qui te voudrait du mal ?

— Personne. Je n'ai pas d'ennemis !

— C'est peut-être la femme d'Abidal. »

Alors ça, c'est nouveau. La femme d'Éric Abidal ! Pourquoi voudrait-elle m'agresser ? Aminata sème le doute dans ma tête, comme elle l'a semé pour César. Elle sait que je suis en contact avec Éric Abidal. Insinue-t-elle autre chose à ce moment-là ?

Plus tard, je ne pourrai pas m'empêcher d'appeler Éric. Il me rassurera : « Mais voyons, ma femme n'a aucune raison d'agir ainsi ! En plus, elle ne serait jamais capable d'un tel acte ! »

Aminata gagne sa chambre et nous laisse, Sakina et moi, blotties l'une contre l'autre. Sa présence me réconforte. Je ne la connais pas si bien que ça. Comme avec les autres filles, ma relation avec elle se limite à des discussions légères et des parties de rigolade. Mais ce soir, je la sens bouleversée de me voir dans un tel état. Elle est touchée et bienveillante.

Nous reparlons de l'agression, refaisons le film plusieurs fois, et au fil de la conversation, un élément curieux apparaît.

« Pourquoi Aminata a-t-elle refusé de me déposer chez moi lorsque nous sommes rentrées du restaurant ? »

J'éclate en sanglots car cette question m'obsède, elle recouvre une réalité si terrible que je n'ose pas l'envisager. À bout de forces, nous décidons de dormir. Je prends sa main et la serre fort pour m'assurer que, non, je ne suis pas seule.

Avant de fermer les yeux, je pense à Yassine, mon meilleur ami. Je le connais depuis l'âge de treize ans. Nous nous sommes rencontrés à Clairefontaine et depuis nous ne nous sommes plus quittés. Je lui envoie un message, accompagné des photos de mes blessures. Il est sous le choc et très inquiet pour moi. Je lui promets de l'appeler bientôt, je n'en ai pas le courage ce soir.

Le sommeil ne vient pas. Dès que je commence à m'assoupir, les images de l'agression remontent. Les questions aussi : pourquoi moi ? Qui a fait ça ? Dans quel but ? Je crois devenir folle. La douleur n'arrange rien, je me tourne et me retourne pour trouver une position confortable. Je finis par rester sur le dos, immobile, les yeux grands ouverts. Sous le choc.

Aux alentours de 6 h, j'ai besoin d'entendre ma mère. Ni elle, ni mes frères ne sont au courant. Lorsqu'elle décroche, je comprends à sa voix que quelque chose ne va pas. D'une voix lasse, elle me dit :

« Je ne sais pas pourquoi, ce matin je me suis levée tôt et j'ai écouté le Coran. J'en avais besoin. »

Le sixième sens d'une mère, probablement. Néanmoins, le courage me manque pour lui raconter ma nuit. Nous parlons de tout, de rien. Sa voix me fait déjà du bien.

Quelques heures plus tard, Sakina et Aminata quittent l'hôtel pour le centre d'entraînement. J'émerge doucement de cette nuit interminable. Si je m'écoutais, je resterais toute la journée sous la couette, mais je dois passer une radio. Salim m'accompagne en voiture.

Tout est calme dehors. Les médias n'ont pas connaissance de l'agression. Rien n'a encore filtré. Ça ne saurait tarder. Par crainte que l'info sorte dans la presse, je décide de prévenir tout d'abord mon frère aîné, qui est mon grand complice, puis ma mère. Je ne leur révèle pas toute la vérité pour éviter de les effrayer, j'attends de rentrer chez moi, dans le Nord, afin qu'ils voient de leurs yeux que je suis en bonne santé.

Pendant que je patiente dans la salle d'attente, j'appelle ma mère.

« Maman, Aminata et moi avons été agressées hier soir, mais aucune d'entre nous n'est blessée, ne t'inquiète pas. »

Passé le choc, ma mère devient pragmatique. Elle cible immédiatement ce qui cloche.

« Vous avez été agressées et ils ne vous ont rien volé ?

— Non, rien.

— Tu te moques de moi ?

— Non, je te jure. Ils ne nous ont rien pris.

— OK. Raccroche et rappelle-moi en FaceTime. »

Par chance, le radiologue vient me chercher.

« Je dois raccrocher, maman, je suis en rendez-vous.

— Je te donne cinq minutes pour me rappeler, sinon je monte dans le train et je viens. »

Je m'exécute. Dès qu'elle m'aperçoit, elle me demande d'ôter mon masque – il était obligatoire à cette période-là. Je lui montre mon visage. Il est intact. Elle est rassurée. Salim en remet une couche pour qu'elle ne s'inquiète pas.

« Tout va bien, Madame, votre fille n'a rien. »

Au moment de raccrocher, je lève ma main… Ma mère découvre mon pansement. Je lui explique que je me suis brûlée. Elle n'est pas dupe, mais n'insiste pas.

Au centre d'entraînement, l'équipe médicale constate mes blessures. L'un des membres du staff désinfecte à nouveau ma main et me change le pansement. Je n'aurai plus l'occasion d'y revenir, mes plaies ne nécessitent pas davantage de soins.

Mes coéquipières se montrent pour la plupart très affectueuses. Elles me serrent dans leurs bras, me réconfortent avec un petit mot. Elles sont d'autant plus gentilles qu'elles ne comprennent pas pourquoi Aminata me descend auprès d'elles – dès le lendemain de mon agression –, affirmant que je suis une fille à problèmes alors que nous avons été attaquées ensemble, insinuant, en quelque sorte, que tout cela est bien fait pour moi. Son attitude les intrigue, mais elles refusent de se mêler de cette affaire.

J'aperçois Aminata un peu plus loin. Elle semble mal à l'aise. Son regard est fuyant. Elle ne s'approche pas du groupe. Depuis ce soir du 4 novembre, je n'ai jamais reçu un seul message de sa part, rien. Mes doutes à son sujet grandissent. Un vrai soupçon s'installe. Je me demande si je connais bien cette fille.

D'ailleurs, je me rends compte que l'attitude d'Aminata était déjà étrange avant l'agression. Si je résume : elle balance son ami César prétendument à l'origine de calomnies à mon encontre. Surtout, elle brouille les pistes. D'un côté, elle me retourne le cerveau quotidiennement pour me convaincre qu'il me déteste ; de l'autre, elle explique à Kadidiatou Diani, la femme de César, et à Marie-Antoinette Katoto, sa cliente, que je le soupçonne d'être à l'origine des appels malveillants. Je le découvre par Kadidiatou elle-même lorsque cette dernière tente de me confronter : « Pourquoi tu fais des embrouilles ? Pourquoi tu accuses mon mec d'être le corbeau ? ».

Cette stratégie perverse commence à porter ses fruits puisque Kadidiatou et Marie-Antoinette ne m'adressent plus la parole, par solidarité avec César et Diallo. Les autres joueuses ne prennent pas position. Ni pour moi, ni contre moi. La crainte, probablement, qu'Aminata leur fasse la misère. Je me demande même aujourd'hui si certaines filles ne se sont pas rangées de son côté juste par peur.

L'enquête

Le 5 novembre, dans l'après-midi, je suis convoquée par la police judiciaire de Versailles. Salim m'accompagne. Pour la première fois de ma vie, je vais me retrouver face à des policiers… Je pénètre timidement dans le bâtiment. Les filles, destinataires des appels du fameux corbeau, sont déjà sur place. Fred nous attend.

Je gravis un escalier qui n'en finit pas. Je peine à avancer. Mes cuisses me font mal. La douleur irradie tout mon corps, mais je parviens tout de même à atteindre le dernier étage, une sorte de grenier.

Un enquêteur me demande de le suivre dans son bureau. Les murs sont gris, des drapeaux et des photos avec des flingues sont accrochés aux murs, la pièce est sombre. J'ai l'impression de me retrouver dans un mauvais film. Ce que je vis me semble irréel. J'ai peur de ne plus être relâchée. Comme si c'était moi la coupable ! Je suis victime d'une agression et en même temps je me demande si je n'ai pas commis une faute grave… Je n'ai pas peur, je suis terrorisée.

L'enquêteur m'invite à prendre place face à lui. Il n'est ni sympathique, ni antipathique. Neutre et sans émotion.

Il retrace les faits de cette soirée du 4 novembre et me bombarde de questions, me reprend sur des détails qui me semblent anodins. Il revient sur mes relations avec chacune de mes coéquipières. Il me demande si j'ai une idée du mobile éventuel de mes agresseurs. Je n'ai aucune explication.

« Le moindre fait est important, essayez de vous rappeler ce qui s'est passé hier soir », insiste-t-il.

Je me souviens juste de ma peur et de la douleur atroce que je ressentais à chaque coup.

« Pouvez-vous décrire ces individus ? »

Leur visage était caché sous une cagoule, ils étaient grands et fins. C'est tout ce que je me rappelle. Je m'efforce d'être précise dans mes réponses, pour être hors de tout soupçon. L'audition dure plus de deux heures trente.

Quelques jours plus tard, j'apprends par la PJ que les appels masqués du corbeau proviennent de la prison de Lyon-Corbas. L'information fait immédiatement écho dans ma tête. Je sais qu'un des amis d'Aminata Diallo est incarcéré là-bas, condamné pour des faits de racket et actes de torture et de barbarie.

Je suis prise de panique car cet homme ne m'est pas inconnu. Je l'ai rencontré une seule fois dans ma vie, il y a six ans, peut-être la fois de trop…

C'était un garçon plutôt gentil en apparence, un passionné de foot proche des footballeuses. Je discutais avec lui ni plus ni moins que les autres joueuses, et finalement j'ai décidé de prendre mes distances car je pressentais un homme sans doute dangereux, une mauvaise fréquentation.

La dernière fois que je lui ai parlé remonte à trois ans. Depuis, silence radio. Comment peut-il connaître mes moindres faits et gestes alors qu'il est incarcéré et que nous ne nous sommes plus jamais reparlé ?

Je sors de la PJ éreintée. L'agression s'est déroulée la veille, tout est allé si vite et à la fois la vie d'avant me semble déjà lointaine. Salim me ramène à la maison. Mes amies me rejoignent un peu plus tard dans la soirée. Mes amies, dont… Aminata, qui s'est invitée. Comment ose-t-elle se montrer ? Que cherche-t-elle en venant chez moi ?

L'ambiance est plutôt détendue et les discussions vont bon train. Les filles commandent le dîner. Ça va, ça vient, ça rigole même de temps en temps. Moi, je suis là, comme un zombie, assise, mutique, les yeux dans le vide. Je ne participe pas, je ne mange pas non plus. Je perçois juste un brouhaha de voix autour de moi. Les questions continuent de tourner en boucle dans ma tête : pourquoi moi ? Qui a fait ça ? Dans quel but ?

Je me lève de ma chaise uniquement pour nettoyer et ranger. Dès qu'une assiette se vide, je la prends et la lave. Je débarrasse, je jette les poubelles. Encore aujourd'hui, je ne parviens pas à expliquer cette fièvre du ménage, ce mode machine.

La soirée se poursuit. Sakina, épuisée, s'endort sur le tapis tandis qu'Aminata et le reste de la bande poursuivent leurs conversations. Elle semble parfaitement à l'aise. Le doute grandit…

Les auditions s'enchaînent toute la semaine. Les enquêteurs sont intrigués par le comportement d'Aminata dans les minutes qui ont précédé et suivi l'agression. Les liens qui l'unissent à ce détenu finissent par les convaincre de la placer en garde à vue.

Le 10 novembre, soit six jours après les faits, elle est arrêtée à son domicile, à Marly-le-Roi, dans les Yvelines. Elle est entendue pendant plus de quarante heures dans les locaux de la brigade de répression du banditisme – BRB – de la PJ de Versailles. Aminata trouve une explication à tout : la lenteur de sa conduite, le fait de déposer Sakina avant moi, son immobilité pendant l'agression, son absence de soutien…

Elle prétend aussi très peu connaître l'homme de la prison de Lyon-Corbas, ignorer qu'il y était incarcéré. Pourtant, en consultant le dossier d'instruction, j'apprendrai qu'elle était en contact avec lui. Les policiers ne la lâchent pas et la bombardent de questions. Acculée, elle avoue n'avoir jamais reçu d'appels malveillants, contrairement à ce qu'elle avait déclaré dans un premier temps. Puis, comme pour venir en aide aux enquêteurs, elle les oriente sur ma vie privée et la piste d'une relation extraconjugale. Son entourage affirme la même chose au cours des auditions. À ce moment-là, elle parvient à instiller le doute dans l'esprit des policiers.

Un enquêteur m'appelle pour me conseiller vivement de quitter mon domicile. Il me prévient que l'enquête va avancer, sans autre détail. « Votre histoire va faire du bruit, partez si vous en avez la possibilité. » Lui-même n'avait sans doute pas idée de combien il avait vu juste.

La déflagration

Je me doute que l'info va fuiter dans les médias, mais je ne suis pas si célèbre et je pense naïvement que cette sombre affaire ne passionnera pas les journalistes. En vérité, une tempête médiatique déferlera en France et par-delà les frontières. Mon nom, jusque-là quasi inconnu, fera les gros titres des journaux. Le prestigieux *New York Times* en fera même sa une.

Je redoute d'être sollicitée par les médias. Ce que je traverse est déjà assez difficile à vivre sans que je m'expose au grand public. J'évite tout ce qui risque de me fragiliser. Je réunis donc quelques affaires et décide de partir dans le Nord, auprès de ma famille.

La veille de la garde à vue d'Aminata, le PSG rencontre le Real Madrid au Parc des Princes pour un match de Ligue des champions. Je n'y participe pas car je suis encore blessée. Le club a reçu l'ordre de garder l'affaire secrète et justifie mon absence en invoquant des problèmes personnels. Corinne Diacre, présente ce soir-là au stade, s'inquiète de mon absence sur le terrain et m'envoie un message. Je lui confirme la version du PSG puis je quitte Paris. Je n'ai qu'une hâte, partir chez ma mère. Salim m'accompagne. Mes proches sont tous là : mes frères, mes cousines, mes tantes, des copines de ma mère et leurs enfants qui, chaque jour, me soutiennent. Cette chaleur familiale me fait un bien fou. Personne ne sait où je me trouve, je suis protégée.

Le lendemain matin, le 10 novembre, l'affaire explose sur le site internet du journal *L'Équipe*. Le retentissement est mondial. Mon nom s'affiche en gros titre à la une des journaux : *Hamraoui frappée à coups de barre de fer. Aminata Diallo en garde à vue.* Les chaînes d'infos diffusent en boucle cette histoire. J'aperçois mon visage en gros plan sur les télés du monde entier.

Toutes les deux minutes, des alertes retentissent sur mon téléphone. À chaque appel, à chaque message, je sursaute. Je suis sonnée.

À des kilomètres de là, devant le centre d'entraînement, des journalistes du monde entier se pressent. Postés devant la grille, ils braquent leurs appareils photos et leurs caméras dans l'attente de me shooter. Dieu merci, j'ai pris les devants. Personne ne sait où je me cache.

Je reste enfermée plusieurs jours, assise, sans bouger, ni parler, ni manger. La télévision est allumée en permanence. Mon entourage est en état de choc. Quant à ma mère, j'ai l'impression qu'elle ne réalise pas l'ampleur du désastre. Elle vaque à ses occupations, s'affaire dans la cuisine pour préparer les repas. De temps en temps, elle jette un œil sur les infos puis passe à autre chose. Elle parle aux uns, aux autres. Je guette ses moindres faits et gestes, à l'affût d'une réaction, d'une émotion. Rien. Elle me sollicite régulièrement pour me sortir de ma torpeur : « Kheira, bois un peu d'eau ! Kheira, j'ai préparé le plat que tu aimes, mange ! » À d'autres moments, elle semble minimiser la situation : « Estime-toi heureuse d'être toujours en vie, ils auraient pu te tuer. L'essentiel est que tu sois en bonne santé. C'est un mauvais moment à passer. » Ma mère m'avouera plus tard avoir pris sur elle pour ne pas m'inquiéter davantage. Dès qu'elle en avait l'occasion, elle se réfugiait chez sa sœur pour laisser libre cours à ses larmes, ses angoisses.

J'ai mal pour elle. J'ai mal pour toute ma famille que j'embarque, malgré moi, dans ce tourbillon infernal. Ils n'ont rien demandé.

Je reviens à Paris deux jours après. Je suis convoquée à la PJ de Versailles pour une confrontation avec Aminata. Si j'avais su que je pouvais refuser cette confrontation, je n'y serais pas allée. Pour éviter d'entendre ses mensonges. Elle n'a pas son égal pour planter le doute dans la tête des gens.

Je m'y rends à reculons. Je la connais, je sais qu'elle usera de tous les stratagèmes pour se dédouaner. Je ne me trompe pas. Je suis déjà installée dans le bureau lorsqu'elle fait son entrée. Elle me jette un regard noir et m'interpelle : « Jamais je ne te pardonnerai ! »

Woaw ! Elle est forte, elle est très forte, me dis-je. Quelle comédienne ! C'est moi qui me fais agresser et c'est elle qui passe pour la victime !

Je regrette d'avoir accepté ce face-à-face. Je sais pourtant qu'il ne faut jamais prendre le risque de parler avec elle. On se retrouve forcément en difficulté. Elle est si convaincante ! Aminata est une redoutable manipulatrice qui pratique l'art du mensonge avec brio. Elle connaît sa leçon par cœur, elle a tout en tête, c'est un ordinateur. Elle a réponse à tout. En une phrase, elle retourne une situation en sa faveur et se pose en victime. Mais je crois que sa plus grande force, c'est sa capacité d'adaptation. Elle peut changer sa personnalité en fonction des personnes qui lui font face. Elle possède plusieurs visages et montre aux gens celui qu'ils ont envie de voir. Elle dit ce qu'ils ont envie d'entendre. C'est essentiellement pour cette raison qu'aujourd'hui encore, certains ne peuvent pas envisager qu'elle soit responsable de cette agression. Ils se rangent à ses côtés tout en gardant un doute. Pourquoi ? Parce qu'ils ont peur, tout simplement.

Sonia, qui, à cette époque, est encore son agent, se laisse aussi berner au point de compatir au sort d'Aminata. Selon elle, sa joueuse est une victime collatérale, incapable de faire du mal à une mouche. Lorsque je tente de la raisonner, je vois bien dans son regard qu'elle ne me croit pas, que je suis devenue parano et que ma perception des événements lui semble erronée à cause du choc subi. Elle est tombée de très haut le jour où elle a été entendue par les enquêteurs. Elle a alors compris que mes doutes n'étaient pas infondés. Sonia a pensé abandonner son métier. Heureusement, elle est toujours là, avec moi.

La confrontation avec Aminata dure environ une heure. Elle se déroule ainsi : l'enquêteur pose une question, je réponds la première, puis vient le tour d'Aminata. S'ensuit une discussion entre nous. Ce que je vais dire est terrible, mais pendant quelques minutes, grâce à sa force de persuasion, elle réussit à me faire douter. Il faut rappeler que l'enquête débute à peine. À ce moment-là, je possède encore très peu d'informations. Aminata se pose en victime incomprise.

« Je suis totalement innocente dans cette affaire, je vous l'assure ! »

Prise dans ses filets, je pense : « Oui, elle est peut-être sincère. Ce qu'elle dit tient la route. » Une fois de plus, elle essaye de me retourner le cerveau.

Aujourd'hui, tout cela est terminé, je vois clair dans son jeu. Je la cerne parfaitement.

Au terme de cette confrontation, l'enquêteur me demande de raccompagner Aminata en voiture pour éviter les journalistes qui pourraient se trouver devant le siège de la PJ.

« Les vitres sont teintées, personne ne la reconnaîtra », argumente-t-il.

Ai-je bien entendu ? C'est un comble. Je n'ai pas d'autre choix que d'accepter.

Sakina et deux amies m'attendent dans le véhicule.

À peine assise à l'avant, Aminata remet ça : « Je n'aurais jamais fait ça ! », puis elle évoque le détenu de la prison de Lyon-Corbas : « Je ne comprends pas pourquoi il est impliqué dans cette affaire, il me disait toujours qu'il t'appréciait beaucoup. »

C'est un truc de fou ! Elle affirmait exactement le contraire à Sakina : « Ce type la déteste », lui disait-elle.

Avant de descendre de voiture, Aminata nous demande l'heure de l'entraînement prévu le lendemain. Nous restons sans voix. Cette fille passe quarante heures en garde à vue et elle pense à s'entraîner ! J'hallucine !

Après son audition et notre confrontation, les policiers étudient la piste de la jalousie amoureuse évoquée par Aminata. Ils fouillent mon passé, contactent mes prétendus ex cités dans la procédure, retournent ma vie privée. En vain. Ils sont sur le point d'abandonner cette hypothèse lorsqu'ils découvrent un élément matériel qui la relance : la puce de mon téléphone est enregistrée au nom d'Éric Abidal. Les enquêteurs me questionnent à nouveau : « Avez-vous entretenu une relation intime avec cet homme ? Connaissez-vous son épouse ? Avait-elle des doutes sur vous ? Avez-vous été en contact avec elle ? Avez-vous reçu des menaces ? » Non, rien de tout ça. L'histoire de la puce est très simple. Lorsque je suis rentrée de Barcelone, mon téléphone ne fonctionnait plus. J'ai patienté quelques jours, contacté mon opérateur qui lui non plus ne parvenait pas à expliquer cette panne. Éric Abidal, avec lequel j'étais en contact de temps en temps, a proposé de m'aider. C'est comme ça que je me suis retrouvée avec une puce à son nom.

L'histoire aurait pu s'arrêter là mais, quelques semaines plus tard, la femme d'Éric Abidal demande le divorce. La presse établit un lien direct avec moi : je suis responsable de la rupture.

Je deviens aux yeux de tous une briseuse de ménage.

Aminata, quant à elle, est ressortie libre de sa garde à vue. Mais ses deux téléphones ont été conservés par la PJ. Elle est en droit, à présent, de réintégrer le club.

Quelques jours après elle, je suis également de retour aux entraînements, à la grande surprise de tous.

Ce que je ne sais pas, c'est que les épreuves que je rencontre jusqu'à présent n'ont aucune commune mesure avec ce qui se prépare. L'enfer m'attend… car Aminata et sa bande ne s'attendaient pas à mon retour.

La joie de retrouver le terrain est ternie lorsque j'apprends que nous reprenons les entraînements le même jour. Je me dis à ce moment-là que la vie ne m'épargne pas. … Quel comportement va-t-elle adopter vis-à-vis de moi ? Comment vais-je supporter cette situation ? Allons-nous être capables de mettre de côté ce qu'il vient de se passer ? Oui, car nous sommes des professionnelles et, en ce qui me concerne, le foot passe avant tout. Je prends sur moi malgré la folie de la situation.

Nous ne nous parlons pas, ne nous regardons pas. Chacune s'entraîne de son côté et si, lors de petits matchs, nous sommes obligées de nous faire des passes, alors nous le faisons. Je suis contrainte de jouer avec elle, déjeuner aux mêmes endroits qu'elle, partager mon quotidien avec elle. Pendant des mois, je la vois tenter de liguer l'équipe contre moi, manipuler nos coéquipières qui, pour certaines, tombent dans le panneau en refusant de me passer le ballon lors des matchs officiels. Elle, en revanche, joue avec moi, me fait des passes comme si tout allait bien. Comme si rien ne s'était passé. De cette façon, elle cherche à montrer que si certaines filles refusent de jouer avec moi, ce n'est pas son cas. Tout va très bien. Elle garde le beau rôle !

Quelques mois plus tard, lors d'une victoire de l'équipe de France contre les Pays-Bas où Marie-Antoinette Katoto marque grâce à une passe de Kadidiatou Diani, les deux joueuses dédicacent sous mes yeux le but à Aminata en mimant un A avec leurs doigts.

Cette situation est terrible mais je n'ai pas le choix, je dois tenir.

Le cyberharcèlement

Le 28 janvier 2022, à la veille du choc PSG-Lyon en Coupe de France, des notes vocales sont diffusées sur Snapchat, relayées par Marc Blata, un influenceur suivi par des centaines de milliers de followers. Je remarque aujourd'hui que les bombes explosent toujours les veilles de rendez-vous sportifs importants, de façon à me faire perdre tous mes moyens.

Il s'agit de discussions datant de 2018-2019 avec une de mes amies – également proche d'Aminata. Quelques jours avant ces conversations, j'avais appris que l'épouse d'Éric Abidal, qui soupçonnait son mari d'entretenir une liaison avec moi, m'avait copieusement insultée. Sous le coup de la colère, j'avais évoqué cette femme en des termes, je le reconnais, vulgaires et inappropriés.

Entre nous, qui peut se vanter de toujours s'exprimer correctement lors d'une conversation avec une copine ? Qui n'a jamais prononcé de gros mots ou balancé des horreurs lors d'échanges privés ? Font-ils de moi une personne mauvaise et méchante ?

Quel est le pire ? Mal parler ou être trahie par un proche ?

Dans tous les cas, je profite de ce livre pour présenter mes excuses à cette femme que j'ai blessée. Elle ne méritait pas de tels mots. Je les ai tenus dans un cadre privé sous le coup de la colère. Ils ont dépassé ma pensée et je les regrette aujourd'hui.

Ces audios sont devenus publics. Par la folie d'Internet, je suis devenue le bourreau involontaire d'une autre, alors que j'étais victime de cette même folie. Aucune de nous n'aurait dû subir cela.

Ma dignité de femme a été touchée, le nom de mon père, sali. Cet épisode m'a atteinte plus violemment que l'agression. J'ai découvert la méchanceté et la frustration de cette société où les gens, planqués derrière leur écran, déversent leur haine.

Je me suis livrée sans filtre avec cette amie parce que j'avais confiance en elle. Comment aurais-je pu imaginer qu'elle conserverait mes propos puis les transmettrait à une tierce personne ? Était-ce à la demande d'Aminata ? Ces conversations ont eu lieu trois ans avant l'agression ! Voulait-elle me détruire, déjà ?

En ce début de soirée, j'essaye de me détendre auprès de ma famille qui a fait le déplacement pour assister à la rencontre. Ils sont tous chez moi. Ma mère prépare le dîner quand une amie m'appelle pour me demander de ne surtout pas regarder les réseaux sociaux ni mon téléphone.

« Reste concentrée sur le match de demain », me dit-elle.

Je comprends immédiatement qu'il se passe quelque chose. Je prétexte un dîner de dernière minute, j'attrape ma veste et me précipite chez Sakina, qui reçoit des amies lyonnaises. À l'expression de leur visage, je sais que l'heure est grave. Très grave. J'insiste pour voir, pour entendre. Les filles tentent de m'en dissuader. Je veux savoir !

À l'écoute de ma voix, je m'effondre. Cette fois, je suis vraiment anéantie.

Cet épisode marque le début d'un harcèlement moral qui durera des mois. La rumeur enfle sur une liaison entre Éric Abidal et moi. On me traite de salope, de briseuse de ménage. On me reproche aussi d'être une balance qui accuse sa coéquipière. Sauf que je ne l'ai jamais accusée ! Je capte tout de suite qu'on veut mettre un coup d'arrêt définitif à ma carrière.

Les commentaires fusent sur le Net : « Crève en enfer ! Que Dieu te brise en mille morceaux ! Sale pute, tu as détruit la carrière de la pauvre Aminata. » Ou encore : « Elle parle comme ça alors qu'elle vient de se faire agresser ? Cette fille est un monstre ! » Les *haters* pensent que ces audios sont récents.

J'ai envie de hurler qu'ils se trompent. Ces propos ne datent pas d'aujourd'hui, ni d'hier, mais de trois ans ! Je ne suis pas celle qu'ils décrivent !

Je ronge mon frein. Je me renferme sur moi-même.

Le lendemain, jour de match, je me rends au self pour déjeuner au centre d'entraînement. En allant chercher des tartines, je passe près d'Aminata qui murmure : « Sale sorcière ! » Je ne réagis pas, mais en moi-même je pense : « Je sais que c'est ton clan qui a fait ça, je sais que tu es derrière tout ça et tu me traites de sorcière ? C'est à toi que tu t'adresses à travers moi. »

Le soir du match, nouvel acte de déstabilisation. Un enregistrement audio fuite sur les réseaux sociaux : un homme se faisant passer pour Presnel Kimpembe, défenseur du PSG et international français, prétend avoir eu une relation intime avec moi et m'injurie. Ce énième épisode destiné à me salir aura aussi des conséquences sur ce joueur, insulté sur les réseaux. Une victime collatérale des agissements de ceux qui s'en prennent à moi.

Ce jour-là, j'ai joué, je pense, l'un de mes meilleurs matchs.

Un mois plus tard, un autre audio fuite, alors que je viens d'être rappelée en équipe de France. Dans cet enregistrement, qui remonte toujours à 2019, j'évoque la sélectionneuse, Corinne Diacre. J'exprime toute ma frustration et mon incompréhension de n'avoir pas été appelée chez les Bleues alors que je réalisais ma plus belle saison au FC Barcelone. Mes propos ne sont pas virulents, mais reflètent le sentiment d'injustice que je ressens alors.

Quelques jours plus tard, au cours d'une conférence de presse, la sélectionneuse prend ma défense par ces mots : « L'histoire qui est sortie relève du domaine privé, ça ne me regarde pas et ça ne regarde personne… Il ne faut pas oublier que Kheira est une victime dans l'histoire. »

Ses propos me font chaud au cœur, mais ne stoppent pas pour autant la déferlante qui s'abat sur moi.

Dans le même temps, des supporters du PSG déploient dans les tribunes des banderoles d'insultes particulièrement hostiles à mon encontre.

Un vendredi, alors que je dispute un match au Camp des Loges, une banderole est retirée in extremis. Mais au même moment, l'équipe masculine du PSG joue au Parc des Princes. Dans les gradins apparaît un étendard où est écrit en lettres noires : *Aminata Diallo, on te soutient fort ! Hamraoui, à qui le tour ?* Sous-entendu, qui sera mon prochain amant ?

Les Ultras – un groupe de supporters fanatiques du PSG – ressentent une haine féroce contre moi. Pour eux, je suis la méchante qui a accusé sa coéquipière dans le but de cacher sa vie privée. Je passe pour une traînée alors que je suis une victime. Qui les a manipulés ainsi ?

Dans le même temps, j'apprends que des insultes sont griffonnées sur les murs du Camp des Loges, le centre d'entraînement des garçons. Là encore, j'en ignore la teneur. Les injures sont effacées quelques minutes plus tard.

Certaines de mes coéquipières, dont Sakina, ne trouvent plus les mots pour me réconforter. Mes sentiments s'entrechoquent. Je suis à la fois en colère, j'ai honte, mais surtout je suis désespérée.

Comment ai-je fait pour tenir et résister ? Encore aujourd'hui, je me le demande.

Le terrain reste le seul endroit où je parviens à m'évader et oublier tous mes problèmes. Je reste performante parce que, miraculeusement, je ne perds pas ma concentration, bien au contraire. Une seule chose compte à ce moment-là : le match que je suis en train de disputer et la victoire. Mais lorsque je ne joue plus, je me retrouve face à la réalité et là, je vis un cauchemar.

Le pire moment de ma carrière de footballeuse arrive lors d'une rencontre contre Montpellier, le 11 mars. Mon entraîneur décide de ne pas me faire débuter le match pour me préserver. Je reste assise sous l'abri au bord du terrain. Je ne suis pas visible. Au bout de quinze minutes, une joueuse se blesse et le coach me demande de m'échauffer. Je me lève pour me positionner sur la ligne en attendant un arrêt de jeu pour entrer. Je précise que le Camp des Loges n'a rien à voir avec le Parc des Princes. C'est un petit stade où les gradins sont si proches du terrain que nous entendons le public. Alors que je patiente, les supporters – parmi lesquels des familles et des enfants – crient : « Ah ah ah ! Sale pute ! Salope ! Retourne à Barcelone, va niquer ta mère ! »

Ma tête tourne. Je me mets à prier, à implorer Dieu pour qu'Il me vienne en aide, me donne la force de rester debout. Je m'adresse à Lui sans cesse : « Je T'en supplie, aide-moi à surmonter cette épreuve, à aller jusqu'au bout de ce match ! Aide-moi ! Aide-moi » À peine je touche le ballon que les insultes et les sifflets reprennent.

L'arbitre siffle la mi-temps, je rentre dans le vestiaire et m'écroule en larmes. Je craque. Les filles m'entourent pour me soutenir. Sakina profite de la pause pour raisonner les supporters :

« Vous êtes avec nous ou contre nous ? Parce que là, vous êtes en train de nous tuer !

— On s'en bat les couilles, qu'elle dégage ! »

Qui a instillé une telle haine ? Comment peut-on détester à ce point une personne qu'on ne connaît pas ? Cette virulence s'observe d'habitude plutôt dans le football masculin, à cause de la notoriété des joueurs, plus exposés.

Je reprends le match comme je peux.

Avant la reprise, le coach s'approche de moi, me prend les deux mains et me chuchote : « Tiens le coup. » Même nos adversaires montpelliéraines viennent m'encourager.

Vers la quatre-vingtième minute, coup franc. Je tourne la tête et, parmi les supporters, je reconnais une amie proche d'Aminata, tenant le micro à la main, tout en se filmant. C'est donc elle qui les pousse à m'insulter. Je termine le match en morceaux. Je suis l'ombre de moi-même. Elle a voulu m'abattre, j'ai tenu le coup encore une fois, mais pour combien de temps ? Jusqu'à aujourd'hui, les Ultras ne se sont jamais excusés. Ils savent pourtant qu'ils ont bel et bien été manipulés.

Les médias, friands de l'histoire, se déchaînent. Sans connaître ma version ni celle du club, ils me prennent pour cible en titrant : *Le vestiaire est contre Kheira Hamraoui. Le vestiaire ne veut plus de Kheira Hamraoui, il a fait son choix. L'équipe ne veut plus d'elle.*

Et j'en passe.

Tout est faux. Non ! L'équipe n'est pas contre moi ! Seules trois personnes le sont : Aminata et ses deux copines, Katoto et Diani. Mais cela suffit largement à nourrir certains journalistes.

Des milliers d'articles sortent sur moi, tous de la même veine : je suis une fille à problèmes, je ne compte plus les amants, j'entretiens des relations amoureuses avec des joueurs de l'équipe de France que je ne connais même pas. Ces infos mensongères sont reprises dans tous les médias, y compris sur des vidéos diffusées sur le Net. Un journaliste indépendant contre lequel nous avons porté plainte a même répondu par un post : « Ah ah ah ! Rendez-vous au tribunal, Maître Harir », suivi d'un cœur.

Mon avocat de l'époque, Maître Saïd Harir, a beau attaquer, la cabale se poursuit.

Je me demande où je puise la force de tenir face à ce ramassis d'insultes et de mensonges.

Chaque jour qui passe apporte son lot de douleurs. Je suis traînée dans la boue. Je passe de victime à coupable pour une supposée histoire extraconjugale.

M'aurait-on traitée de la sorte si j'avais été un homme ? M'aurait-on jugée ainsi ? Non, certainement pas. On ne parle pas d'un briseur de ménage, ça ne se dit pas. Non ! Un homme qui trompe sa femme, c'est un truc banal qui n'intéresse personne. Ça arrive, c'est normal et ne suscite pas une ligne dans la presse.

Le 24 mars 2022, mon avocat écrit une lettre à la direction du PSG dans laquelle il dénonce un harcèlement moral et des menaces contre moi. Rien n'y fait. Le rouleau compresseur est en route.

Je supprime toutes mes applications – Instagram, Twitter – afin de ne plus être spectatrice de ce carnage. Je sais que mon entourage suit tout ce qui sort, mais je le supplie de ne pas m'en parler pour me protéger. Ma cousine dont je suis très proche me dit : « Tant que tu ne vois pas ce qui est écrit, ils ne peuvent pas te détruire. »

Elle a raison. Je consens à ne rien lire jusqu'au jour où je dois me rendre chez un huissier pour faire constater les messages. Et là, je vois : *Espèce de pute, salope, j'espère que tu vas mourir, que tu vas te faire écraser par une voiture...* Toute cette haine déversée devient insoutenable. Curieusement, ces gens anonymes m'inspirent aussi de la pitié. Que leur vie doit être pauvre pour s'intéresser à une personne qu'ils ne connaissent même pas ! Insulter et juger quelqu'un qu'ils n'ont jamais vu ! Ils ne sont pas en paix avec eux-mêmes, en fait. Je pense à toutes ces femmes qui balancent leur haine et je me dis : ce sont leurs propres turpitudes qu'elles voient à travers moi. Leurs faiblesses, leurs travers, leurs fautes peut-être.

J'appelle mon meilleur ami, Yassine.

Depuis le début, il ne me lâche pas. Il tient le rôle de confident et de thérapeute grâce à ses qualités d'écoute, son empathie mais aussi son recul. Nos discussions m'aident à envisager la situation sous d'autres angles.

« Ne prends pas ces insultes au premier degré, mais cherche plutôt les intentions des gens derrière ces mots. Pose-toi la question de savoir quelles sont les raisons profondes et personnelles qui les poussent à agir ainsi. Surtout, ne culpabilise pas ! C'est leur propre détresse qu'ils expriment. »

Il a raison. Comme Aminata, ces gens traînent des valises trop lourdes pour eux. Ils doivent s'en décharger et la meilleure façon, c'est de prendre une cible et d'y projeter tout ce qu'ils ressentent. Leur haine, leurs angoisses, la version sombre d'eux-mêmes. En réalité, ils racontent leur histoire à travers moi. Je sers de paratonnerre !

Cette interprétation de la situation m'apaise un peu, mais il me manque l'essentiel : l'assurance du soutien de mes proches. Je veux être certaine qu'ils ne m'en veulent pas et, surtout, qu'ils me croient. Mon honneur a été sali, bafoué ; le leur aussi.

Lorsque nous comprenons qu'une cabale est lancée contre moi, mes frères souhaitent en discuter lors d'une réunion familiale. Hélas, nous ne nous trouvons pas au même endroit. Je suis à Paris avec ma mère et ma cousine, eux sont restés dans le Nord. Comme nous avons un groupe WhatsApp pour la famille, la conversation se déroule en visio. Je crains leur réaction. Eux, si croyants, quelle image ont-ils de moi à présent ? Vont-ils me rejeter, me renier ? Je ne le supporterais pas, je pourrais en crever. J'ai tant besoin d'eux. Si je les sens déçus ou suspicieux, s'ils refusent de me soutenir, je sais que je ne pourrai pas surmonter cette épreuve.

Je refuse dans un premier temps de m'y confronter, mais ma mère m'y oblige.

« Kheira, tu dois les écouter sans crainte. Non seulement tes frères ont toujours refusé de se mêler de ta vie privée, mais en plus, ils ne veulent pas croire tous ces ragots colportés sur toi. »

En effet, lorsque la rumeur sur Éric Abidal est sortie, ils ne m'ont jamais posé de questions. Aucun membre de ma famille ne s'immisce dans mes histoires.

Ma mère me tend le téléphone, je compose le numéro fébrilement. Mes frères apparaissent sur l'écran, chacun leur tour. Leur sourire me rassure.

« Salut petite sœur !

— Salut ! »

Ma mère, assise à côté de moi, semble détendue. Nous discutons de choses et d'autres, puis mon frère aîné Karim lance le sujet qui occupe le fond de nos têtes :

« Nous devons rester soudés, car nous n'avons pas fini de vivre des moments difficiles. »

Après avoir fait un état des lieux de la situation, il reprend en s'exprimant, précise-t-il, « au nom de toute la famille ». Son regard est franc, sa voix assurée et douce en même temps.

« Petite sœur, on est avec toi. On te fait confiance. Maintenant, nous sommes tous unis, on ne te lâchera jamais. On s'en remet à Dieu, Lui seul peut juger. Allons de l'avant ! »

Je comprends alors qu'ils seront à mes côtés quoi qu'il arrive. Inconditionnellement.

Les mots ont du mal à sortir. Je bredouille quelques remerciements, puis je raccroche.

Un poids énorme tombe de mes épaules. Une force incommensurable entre en moi. Alors que je ne sortais plus de mon lit depuis des semaines sauf pour m'entraîner, que je ne répondais plus aux appels, je quitte mon fauteuil en songeant : « Si j'ai Dieu, ma famille et mes vrais amis avec moi, vous pourrez toujours essayer, vous n'arriverez jamais à me tuer. » Ma mère et mes cousines se lèvent et me serrent dans leurs bras. Je profite de cette étreinte pour me laisser aller. Des larmes de soulagement coulent sur mes joues, jusqu'au moment où ma mère redresse ma tête en reprenant les mots de mon frère :

« Nous sommes tous unis, maintenant, allons de l'avant ! »

Le harcèlement ne s'arrête pas pour autant. Cette situation rejaillit dans l'équipe. L'ambiance est électrique.

La veille de la demi-finale aller de Ligue des champions contre Lyon, une altercation éclate lors d'une séance d'entraînement. Avec l'une de mes coéquipières, Sandy Baltimore, nous enchaînons les exercices dédiés aux coups de pied arrêtés. Mais, par manque de communication, nous ne nous synchronisons pas. Le ton monte. Plusieurs joueuses volent au secours de Sandy. Cette dispute donne lieu à un accrochage avec Katoto et Diani qui se précipitent vers moi, avant que la tension ne retombe rapidement. Des incidents semblables à celui-ci se produisent régulièrement, mais là, parce qu'il s'agit d'Hamraoui et qu'Hamraoui est leur cible, les médias relaient l'information à peine trente minutes plus tard sur Internet.

Pour la première fois, je baisse les bras, j'ai un genou à terre. En mon âme et conscience, je prends la décision de ne pas me présenter au départ du bus pour la gare de Lyon. Trop c'est trop ! Je n'en peux plus ! Je suis un être humain, quand même !

Sakina, triste et dépitée, s'approche de moi pour me réconforter. Je me souviendrai toujours de sa phrase : « On a besoin de toi pour le match, mais je ne peux pas te demander de venir parce que moi, à ta place, j'aurais abandonné depuis longtemps. Fais comme tu le sens. »

J'annonce au coach, Didier Ollé-Nicolle, que je ne peux pas participer à cette rencontre, que je ne partirai pas avec eux, je n'en ai pas la force. Au regard qu'il me lance, je comprends qu'il n'apprécie pas du tout ma décision. Alors, je prends mon courage à deux mains : « Je sais que tu as des enfants. Si on faisait ça à ta fille, comment tu réagirais ? Je pourrais être ta fille. »

L'expression de son regard s'adoucit. Je sais qu'il n'est pas indifférent à mes propos. J'ai touché un point sensible. Il m'écoute tout en gardant une attitude d'autorité. Pourtant, il m'ordonne de partir avec eux. Je n'en reviens pas.

« Tu vois ce que je traverse et tu me demandes de tenir encore ? Je suis toujours debout, ce qui relève du miracle, mais là, j'en peux plus, je suis en train de crever à petit feu, tu ne le vois pas ? »

Peu importe le sort que me réserve le PSG, je reste campée sur mes positions. La sanction ne tarde pas à tomber : je suis écartée du groupe et suspendue pour une semaine. Je suis victime d'une agression, d'un harcèlement, et c'est moi qu'on suspend ! Cette fois, j'enrage.

Je m'en veux d'avoir réagi comme ça, non pas par rapport au club, mais à Aminata et ses soldats. Ce jour-là, je leur ai fait plaisir, je leur ai offert la victoire sur un plateau. Oui, j'ai lâché, oui, j'ai fait preuve de faiblesse à leurs yeux, mais je me suis préservée, j'ai pensé à moi et à ma santé mentale. Oui, j'ai merdé et, grâce à moi, ils ont du bien dormir cette nuit-là. Une nuit, pas deux, car le lendemain, au réveil, je me suis levée avec la rage : « Ils ne gagneront pas ! »

Je ne dois pas me laisser couler, ce n'est pas dans ma nature, je dois me relever coûte que coûte. Je n'ai rien à me reprocher. Non ! Je ne suis pas coupable ! Je n'ai rien fait de mal !

Alors, mise à l'écart du club, j'y reviens chaque jour pour m'entraîner toute seule de mon côté avec le coach adjoint. Je ne croise jamais mes coéquipières car mes horaires sont décalés. Le soir, je rentre chez moi sans avoir parlé à qui que ce soit. J'essaie de trouver la motivation comme je peux.

Les mauvaises nouvelles s'accumulent.

Le 30 mai, au journal de 13 heures de TF1, Corinne Diacre dévoile sa liste pour l'Euro 2022. Comme toutes les joueuses – et les joueurs d'ailleurs –, nous apprenons notre sélection en même temps que le grand public. Pour celles qui sont sûres d'être appelées, cette méthode n'a rien d'éprouvant, mais pour les autres, le suspense est cruel.

Corinne Diacre égrène les noms. Elle s'exprime lentement. Je n'entends pas le mien. Ce jour-là, je fais partie des autres. Je n'intégrerai pas le groupe qui s'envolera vers l'Angleterre.

J'encaisse le coup, mais je comprends la position de la sélectionneuse qui doit jongler avec les événements.

Elle a été, cependant, la première personne à s'exprimer publiquement sur cette affaire et déclarer que j'étais une victime. J'admire son courage !

Alors que le tsunami continue de déferler sur ma vie, les enquêteurs poursuivent leur travail. Il y a du nouveau.

Plusieurs suspects sont interpellés et placés en garde à vue. Trois jeunes hommes âgés d'une vingtaine d'années, originaires de Villeneuve-Saint-Georges, dans le Val de Marne, avouent rapidement leur présence le soir de l'agression, tout en précisant qu'ils n'y ont pas participé. Ils évoquent cependant l'implication active de deux autres personnes.

Très rapidement, l'un des deux agresseurs est arrêté. Un garçon de vingt ans, suspecté d'avoir fait semblant d'immobiliser Aminata pendant que l'autre, encore non identifié, me rouait de coups.

Deux jours plus tard, Aminata est de nouveau interpellée à son domicile. Les trois membres du commando l'ont désignée comme la commanditaire présumée de mon passage à tabac.

En explorant la mémoire de ses deux téléphones, les enquêteurs s'aperçoivent qu'avant l'agression elle avait développé une véritable obsession pour ma petite personne. La majorité de ses messages me cible comme sa rivale numéro 1, celle qui l'empêche d'être titularisée au PSG et constitue un obstacle à son arrivée au sein de l'équipe de France. Son contrat avec le club expirant en fin de saison, Aminata cherche à obtenir une prolongation qui, selon elle, ne peut se concrétiser que si je ne joue plus. De ce fait, elle nourrit envers moi une haine que les policiers qualifient de pathologique. Cette haine a probablement franchi un cap quand elle m'a remplacée chez les Bleues le jour où je me suis blessée. Elle goûtait à son rêve.

Aminata est à nouveau mise en garde à vue. Elle continue de nier les faits en ayant réponse à tout. Mais, lorsque les enquêteurs lui révèlent que des micros ont été installés chez elle et dans sa voiture, elle demande le droit au silence, dont elle avait déjà fait usage auparavant.

Elle est ensuite mise en examen pour violences aggravées et association de malfaiteurs, puis incarcérée en attendant son passage devant un juge des libertés et de la détention.

Je commence à deviner ce qui se joue dans son esprit. Elle est persuadée que si je disparais de la surface de cette terre, les obstacles qui freinent sa carrière disparaîtront, eux aussi. Voilà pourquoi elle tente sans relâche de me détruire psychologiquement et physiquement.

Jamais je n'aurais pu l'imaginer ! Jamais ! Cette fille part en vacances avec moi et en même temps me massacre. Non seulement je ne remarquais rien, mais je l'encourageais à travailler pour gagner sa place. Je la valorisais. Elle faisait en sorte d'inspirer la pitié : « Je n'ai pas eu de chance dans la vie, disait-elle. On ne m'a jamais aidée, on m'a toujours fait la misère. »

Avec le recul, j'ai compris son fonctionnement et les raisons de ses nombreux échecs. Aminata ne se remet jamais en question, ni sur le plan personnel, ni sur le plan sportif. Tout est toujours la faute des autres. Si elle se retrouve sur le banc, c'est à cause des coachs. Si personne ne veut la recruter, c'est à cause des clubs.

Moi aussi je suis tombée dans le panneau. J'éprouvais de la peine pour elle, convaincue qu'elle était victime d'injustices.

Avec le temps j'ai saisi qu'elle ne s'aimait pas, qu'elle était mal dans sa peau. Comment aimer les autres quand on se déteste à ce point ? J'imagine que déblatérer des horreurs sur tout le monde, y compris sur ses propres amis, la soulage de son mal-être. La haine la nourrit.

Elle éprouve ce sentiment pour les filles qui occupent le poste de milieu de terrain, pour toutes celles qui sont susceptibles de lui voler sa place. La question qui se pose est évidemment : pourquoi moi et pas une autre ? Elle connaissait mes habitudes, elle était proche de moi, j'étais une cible facile à atteindre, tout simplement.

Une chose est sûre, c'est qu'elle a voulu me détruire. Les enquêteurs découvrent sur son téléphone des recherches Google avec deux phrases clés : « casser une rotule », tapée quelques jours avant l'agression et « cocktail de médicaments dangereux », effectuée une semaine avant les faits.

Pour les enquêteurs, la jalousie et la rivalité comme moteur et mobile de l'agression ne font plus aucun doute. Tout s'éclaircit. Seule une interrogation demeure, qui, pour l'instant, ne trouve pas de réponse : l'identité d'un mystérieux intermédiaire.

Le soir des faits, les deux agresseurs ont reçu un appel leur demandant de retourner me frapper, me « finir » si on préfère, car il estimait que je ne souffrais que de blessures légères. Comment était-il au courant que l'un des deux hommes ne m'avait pas tapée assez fort ? Comment pouvait-il savoir aussi rapidement que je m'étais relevée alors que les seuls témoins de la scène se limitaient à Aminata et aux deux auteurs des faits ? L'inconnu qui me frappait à coups de barre de fer a refusé l'ordre de cet intermédiaire : « Je l'ai tapée de toutes mes forces. J'ai fait de mon mieux », lui a-t-il répondu.

Durant son audition, ce dernier a bien reconnu être à l'origine des coups donnés, mais il n'a jamais voulu donner l'identité de son interlocuteur.

La descente aux enfers

« Je l'ai tapée de toutes mes forces »... Cette phrase me ramène inévitablement à ce soir du 4 novembre 2021 où ma vie s'est arrêtée pendant plus d'un an. Personne ne peut imaginer ce que j'ai enduré. Non, personne. Seuls ceux qui ont partagé mon quotidien peuvent témoigner de ma souffrance et de celle de mes proches.

Dès le départ, j'ai pris sur moi. J'ai minimisé la malveillance des appels anonymes, l'attitude étrange d'Aminata, en imaginant naïvement que les choses se tasseraient avec le temps. Je me suis voilé la face pour éviter de me confronter à une réalité trop douloureuse. Puis je me suis fait agresser. D'un coup, tout ce que j'avais refusé de voir m'est revenu. Aminata me détestait et n'avait qu'un seul objectif : mettre un coup d'arrêt à ma carrière en me détruisant. Au-delà du traumatisme de l'agression, j'ai fait en sorte de surmonter la douleur physique. Je suis une sportive de haut niveau, je connais mon corps et je sais comment le gérer et en prendre soin. Le faire taire aussi.

Le pire restait à venir. Salim m'avait prévenue : « Tu t'es fait taper, tu vas te faire soigner et tu reviendras sur le terrain. Mais le plus dur sera le travail mental. » Il avait raison. J'étais cassée psychologiquement. Je ne me reconnaissais plus. J'étais devenue parano. J'avais l'impression d'être entourée d'ennemis. Je soupçonnais chaque personne que je croisais d'être complice de ce coup monté. J'allais même jusqu'à me méfier de certaines amies, de mon garde du corps aussi. Sans aucune raison, il m'arrivait de lui demander : « Salim, tu ne me trahiras jamais, n'est-ce pas ? » La seule dont je n'ai jamais douté est Sakina.

Je l'ai réellement découverte durant cette terrible épreuve. Alors qu'elle ne représentait pour moi qu'une copine, elle est devenue ma sœur de cœur, mon double, ma béquille. Cette fille est un pur diamant.

J'aime tout chez elle : elle vient d'une bonne famille, elle est bien éduquée, respectueuse de tout le monde. Elle garde toujours le sourire, quelles que soient les circonstances. Elle possède des valeurs humaines rares et précieuses. Aucun adjectif n'est assez fort pour décrire toute la reconnaissance que j'ai pour elle. Des personnes comme Sakina, je n'en ai pas rencontré beaucoup dans ma vie.

Elle ne m'a jamais lâchée. Jamais ! Elle a élu domicile chez moi pendant des mois, me veillait jour et nuit. Elle a absorbé mon malheur, l'a vécu comme si c'était le sien avec une implication sans limites. Je m'en suis tellement voulu de lui faire vivre ces moments ! Elle souffrait et je m'en rendais compte. J'ai pleuré de la voir dans cet état à cause de moi. Nos émotions s'entremêlaient. Elle était heureuse quand je sortais la tête de l'eau, malheureuse quand je souffrais.

Elle a été en même temps mon amie, ma sœur et même ma coach. Elle trouvait les mots justes pour me motiver. Je me souviens d'une séance d'échauffement à la veille d'un match de Coupe de France où elle passait régulièrement près de moi en me disant : « Tu es la meilleure ! tu es la plus forte ! tu vas tout déchirer ! » Elle avait compris que j'avais besoin d'entendre des mots positifs qui me redonneraient confiance, qu'il fallait m'envoyer de bonnes ondes. Tout cela, elle l'a fait sans relâche.

Combien de nuits a-t-on passé à parler jusqu'au petit matin ? Combien de fois m'a-t-elle rassurée quand je plongeais ? Je tombais et, invariablement, elle était là pour me tendre la main et me relever. Elle m'a forcée à tenir quand je voulais tout abandonner. Il suffisait que je la regarde pour comprendre que je ne devais pas courber l'échine, que j'étais innocente, alors je redressais la tête. Je la voyais épuisée de ces nuits blanches qui s'enchaînaient avec les entraînements et les matchs. Jamais elle ne s'est plainte.

Cette épreuve nous a fait grandir toutes les deux. Pour elle et moi, il y aura un avant et un après.

Les larmes me montent aux yeux quand j'évoque Sakina, parce que je lui dois tout : mes sourires retrouvés, mes éclats de rire, mon enthousiasme, ma foi en l'avenir…

Ce que je suis aujourd'hui, c'est en grande partie grâce à elle et à sa bienveillance.

Sakina et Salim sont les deux piliers qui me tenaient debout. L'une a soigné mon âme, l'autre mon mental. D'un côté, une douce présence et, de l'autre, un soutien plus musclé… Les deux extrêmes se sont rejoints pour me reconstruire. Quand l'un s'absentait, l'autre arrivait. Une sorte de garde partagée.

J'étais incapable de rester seule, terrorisée à l'idée qu'on force ma porte ou mes fenêtres, qu'on me fasse du mal à nouveau. Ils se relayaient. Avec Salim aussi, j'ai passé des heures à refaire l'histoire. Il finissait par s'endormir. Moi, incapable de fermer l'œil, je le secouais pour lui poser une question. Un prétexte comme un autre pour le sortir de son sommeil. Il se réveillait en sursaut : « Qu'est-ce que tu me prends la tête encore ? Je suis crevé. » On rigolait, il se redressait et on poursuivait notre discussion là où on l'avait laissée.

Et on parlait, on parlait… Il essayait de remettre les événements en perspective pour me permettre de relativiser : « Ils ne t'abattront pas. Les coups ne te laisseront aucune marque. Au pire, quelques petites égratignures, rien de plus. »

Parfois, pour me faire réagir, il pouvait devenir méchant, si bien qu'il nous arrivait de nous disputer. Je lui en voulais de me parler si durement alors que je souffrais. Je lui demandais de partir, je refusais de le voir un, deux, trois jours, puis je revenais en reconnaissant qu'il n'avait pas tort. Je lui en ai fait voir de toutes les couleurs !

Son hyper-exigence m'encourageait à me dépasser, à me remettre en question. Il ne supportait pas que je me pose en victime face aux gens.

« Je comprends que tu pleures, me disait-il, mais pas en public. Tu peux t'effondrer avec moi, frappe-moi si tu en as envie, hurle, dis-moi si tu veux foutre le camp et on ira faire le tour du périph' pour te calmer, mais quand tu es à l'extérieur, tu dois te tenir. »

Pas facile à encaisser quand on est au fond du trou. À son contact, je réalisais à quel point je ne connaissais rien de la vraie vie.

« Tu as été élevée dans un cocon avec une mère et des frères qui t'ont protégée, tu es une sportive de haut niveau et comme toutes les sportives, tu es encadrée et assistée en permanence. Tu t'amuses avec tes copines, tu pars en voyage, tu te prends en photo sur Insta… Qu'est-ce que tu connais à la vie ? Tu te prends pour une lionne, mais tu n'es même pas un lionceau. »

Cette phrase vient de lui. Que répondre à de telles évidences ?

Il avait anticipé les événements : « Certains médias se rueront sur ton histoire. Ils essayeront de détruire ta vie professionnelle et ta vie privée. Ils déformeront la réalité pour faire le buzz et les réseaux sociaux s'y mettront aussi. Si tu ne tombes pas KO, ils auront perdu, mais tu dois te préparer à te battre. » Encore une fois, il avait raison, mais hélas, la réalité allait dépasser ses prédictions.

Chaque veille de match, je recevais un coup ; une humiliation, un article dans la presse. C'était systématique.

J'avais l'impression de vivre une vie qui n'était pas la mienne. Avant cette agression, je traversais les épreuves comme le commun des mortels. Si, par exemple, je n'étais pas sélectionnée pour un match, il m'arrivait de pleurer. Je pensais avoir vécu le pire avec le décès de mon père. Curieusement, non. La mort d'un proche est extrêmement éprouvante, mais le temps fait son œuvre et atténue la souffrance. C'est une cicatrice qui se referme petit à petit. Alors que cette épreuve-là provoquait l'effet inverse. Plus le temps passait et plus j'avais mal. Ma plaie restait béante.

La descente aux enfers a vraiment commencé lorsque mon histoire est sortie dans la presse, puis mon état s'est aggravé au moment du cyberharcèlement. Je suis restée enfermée dans ma chambre, sous ma couette, en état de choc. Je redevenais une petite fille qui se demandait pourquoi on lui faisait tant de mal. J'avais perdu l'appétit, le goût de vivre. J'étais pourtant très entourée. Ma mère était venue s'installer chez moi. Toute ma famille défilait à la maison, mais leur présence n'y changeait rien. Je refusais de me confier.

D'ailleurs, depuis que je suis toute petite, je n'ai jamais livré mes états d'âme à mon entourage. Au début de la tempête, je me comportais devant mes proches comme si tout allait bien. Je me forçais à rire, à parler. Je leur ai appris l'agression trois jours après. Pendant ces trois jours, j'ai fait semblant. J'ai attendu de les voir pour leur annoncer la terrible nouvelle. Pareil pour mes blessures. Le jour où je suis venue me réfugier chez ma mère pour échapper aux médias, j'ai convoqué ma famille. J'ai enfilé mon short et leur ai montré mes jambes meurtries. Je me souviens des larmes de ma mère et des cris de mes frères. Jamais je n'oublierai.

Je ne mangeais rien et continuais à m'entraîner avec mon coach à peine dix jours après l'agression. J'étais à terre, mais je m'obligeais à faire du sport tous les jours. Je me faisais mal physiquement, peut-être pour oublier la souffrance mentale.

Quand le désespoir me submergeait, je m'en remettais à Dieu. « Si tout le monde est contre moi, Dieu est avec moi, alors pourquoi avoir peur et se lamenter ? Je ne risque rien. » J'allais même plus loin dans mon raisonnement. Je m'adressais à mes ennemis dans ma tête : « Vous êtes train de mettre en place un plan pour me détruire, mais vous ne pourrez pas lutter contre Dieu. C'est le plus fort en stratagème ! »

Salim m'accompagnait partout. Il s'adaptait à mes humeurs qui pouvaient changer d'une minute à l'autre. Je voulais mettre de la musique, il en mettait. Je me murais dans le silence, il se taisait. Je riais, il riait. Je souhaitais rester seule, il partait. À peine était-il arrivé chez lui, je le rappelais :

« Salim, j'ai entendu un bruit bizarre chez moi, j'ai peur, tu peux revenir ? »

Il revenait, quelle que soit l'heure.

Il m'a mise en garde contre mes amis : « Tu t'apercevras très vite qui sont les vrais et qui sont les faux. » En effet, ceux qu'il appelait les « vrais » sont restés. Dieu merci, je n'ai pas eu de grandes désillusions. Les amis sur lesquels j'ai toujours compté se sont montrés à la hauteur. Ils se sont mobilisés comme ils le pouvaient car la plupart d'entre eux ne vivaient pas à Paris. Ils me téléphonaient presque chaque jour, m'écrivaient sans cesse, se déplaçaient dès qu'ils en avaient l'occasion. Il y a eu Yassine que j'ai évoqué précédemment, les joueuses du FC Barcelone qui prenaient régulièrement de mes nouvelles. Puis les bonnes surprises. Des personnes inattendues qui se sont révélées, comme ces jeunes joueuses avec lesquelles je tapais le ballon, de temps en temps. Émues par mon histoire, elles ont pris mon parti et affronté un torrent d'insultes. Mais elles ont résisté. Je ne compte pas les centaines de messages de soutien d'inconnus qui m'ont fait chaud au cœur. Et puis, il y a eu les autres, celles qui m'ont trahie en se rangeant du côté d'Aminata, jusqu'à faire fuiter mes messages vocaux. Celles aussi qui, silencieusement, au fil des jours, ont quitté le navire. Sans un mot, sans chercher à connaître ma version des faits, elles m'ont jugée et rejetée. Elles sont parties sur la pointe des pieds en espaçant les contacts avec moi, jusqu'à les réduire à néant.

Un mal pour un bien : aujourd'hui, je me sais entourée de gens qui m'aiment vraiment pour ce que je suis. Ces filles-là sont devenues plus que des amies, des membres de ma famille pour qui je pourrais partir en guerre. Alors, oui, mon cercle s'est rétréci, mais il est sain et fiable.

Grâce à ma garde rapprochée, à ma famille et à Dieu, je me suis endurcie.

Je me suis battue toute ma vie pour en arriver là, il était hors de question que je lâche !

Je ne voulais pas les laisser briser mon rêve !

2

La fille de la balle

Rien ne me prédestinait à devenir footballeuse, pourtant, à trois ans je joue déjà au ballon.

À l'âge où l'on peine à faire ses premiers pas, je commence à jongler. Je fais tourner la balle autour de mes jambes, je la rattrape du bout du pied. Près de la maison, dans le parc où ma mère m'emmène chaque jour, les passants s'arrêtent pour me regarder. Le virus du foot est en moi. Comment l'ai-je attrapé ? Je ne sais pas. Aucun membre de ma famille ne s'intéresse vraiment à ce sport ni ne regarde les matchs à la télé. Comme tous les jeunes de leur âge, mes frères pratiquent une activité sportive : l'aîné joue au basket, les deux autres sont inscrits dans un club de karaté, le dernier tape le ballon de temps à autre. Rien de plus. Mais moi, fille unique, je suis animée par cette passion qui me dévore. Je ne sais pas encore, du haut de mes trois ans, que je devrai me battre pour aller au bout de mon rêve.

Non seulement je suis la petite dernière d'une fratrie de cinq enfants, dans l'ombre de quatre grands frères, mais je grandis dans ces quartiers où la place de la fille est à la maison et surtout pas dans la rue. C'est à coups de larmes, de cris et parfois même de chantage que je vais tracer ma route.

L'enfant chérie

Je suis née le 13 janvier 1990 à Croix, dans le nord de la France. Selon certains, je n'assume pas mes origines ch'tis. C'est faux. J'en suis très fière, à un détail près… mon accent. Il revient lorsque je m'exprime vigoureusement, ce qui me vaut quelques sourires gentiment moqueurs de la part de mon entourage. J'ai parfois le sentiment qu'il me trahit. Mais dans cette vie qui m'a propulsée aux quatre coins de la planète, c'est la trace du petit monde d'où je viens.

Nous vivons dans une maison confortable entourée d'une cour, en centre-ville de Roubaix. Mes quatre frères partagent deux chambres et une salle de bains au premier étage. La mienne et celle de ma mère se situent à l'étage supérieur.

Mes parents sont algériens, mon père est kabyle. Je retourne souvent au pays pour rendre visite à ma famille qui vit dans un petit village près d'Oran. Je m'y sens chez moi.

Ma mère est arrivée en France à l'âge de un an, mon père, à vingt ans. Ils se sont rencontrés par l'intermédiaire d'amis communs et se sont mariés religieusement l'année suivante, en 1985. Ils ont dix ans d'écart. Ces années se ressentent dans leurs comportements respectifs et provoquent parfois quelques divergences. Mon père est un homme à l'ancienne, un peu rigide sur les principes, alors que ma mère est très ouverte d'esprit, très moderne. Elle a toujours fait plus jeune que son âge. Elle porte des jeans, des tee-shirts et des baskets.

Mon père travaille dans une usine de filature. Chaque matin, il se lève à 5 h. Avant de quitter la maison, il fait systématiquement un détour par ma chambre pour s'assurer que je n'ai pas froid. Si la couette ne me recouvre pas entièrement, il la relève délicatement sous mon visage et la coince entre le sommier et le lit pour qu'elle ne retombe pas. À 13 h, quand il rentre à la maison, il file faire une sieste puis vaque à ses occupations. Le week-end, il retrouve ses copains au café. Mon père est souvent absent, mais c'est un homme travailleur, sérieux et plutôt discret. J'entretiens avec lui des relations très tendres.

Mes parents se séparent à mes treize ans. Mes frères et moi ne sommes pas surpris, nous sentions une tension de plus en plus forte entre eux à la maison. Mon père part vivre en Algérie et refait sa vie là-bas. Il a d'autres enfants que je refuse de connaître. Je ne souhaite pas m'intégrer dans sa nouvelle famille, j'aurais l'impression de trahir ma mère. Son départ est douloureux mais, prise par ma passion, je m'habitue à son absence. Il me rassure en me disant : « Ce n'est pas parce que je suis loin qu'on ne se reverra pas. »

Chaque semaine, nous nous parlons au téléphone. Il revient environ tous les six mois en France, dans un petit appartement qu'il a loué. À peine arrivé, il nous appelle et je me précipite pour le voir. Les moments que je passe avec lui sont agréables même si nous échangeons peu. J'aimerais lui parler foot, mais il ne s'y intéresse pas. Il me répète sans cesse : « Je ne comprends pas comment une fille peut aimer ce sport. »

Il refuse d'ailleurs d'assister aux matchs que je dispute. Ma mère est obligée de le traîner de force. Son indifférence me fait mal, mais je lui suis malgré tout reconnaissante de ne m'avoir jamais interdit de jouer. Entre nous, il n'a pas vraiment le choix, car c'est ma mère qui commande ici.

Il commence à s'intéresser à ma passion quand il comprend que c'est mon métier. Au bled, ses amis me connaissent et lui demandent : « Kheira, c'est bien ta fille ? » Il est si fier !

Je me souviendrai toute ma vie de ce jour où je suis rentrée à la maison pour le week-end. J'étais déjà professionnelle. Je n'avais pas vu mon père depuis six mois. Lorsque j'ai ouvert la porte, il se trouvait à quelques mètres de moi. Ses yeux se sont immédiatement embués, puis il s'est mis à pleurer à chaudes larmes. Jamais je n'avais vu mon père exprimer ses émotions. Il ne parvenait pas à sortir un son de sa bouche. Il me regardait et je percevais dans son regard une telle fierté ! Comme s'il avait envie de me dire : « Woaw ! Regarde ce que tu es devenue, ma fille ! » Nous sommes restés de longues minutes à nous regarder, puis il m'a serrée dans ses bras. Quel soulagement et quel bonheur ressentis à ce moment-là !

Ma mère est quant à elle l'aînée de huit enfants. Elle a cinq sœurs et deux frères. Je pense que cette place dans la fratrie lui a appris très tôt à prendre soin de sa famille. Ses frères se sont installés dans le sud de la France, tandis que mes tantes et ma grand-mère habitent dans le même quartier que nous. Elles sont très proches les unes des autres et vivent en clan, comme les lionnes. C'est peut-être parce que mon grand-père maternel est décédé quand ma mère avait dix ans et que ma grand-mère s'est retrouvée seule à élever ses enfants.

Dans notre famille, les femmes sont les pierres angulaires du foyer. Elles prennent soin de leur mère lorsqu'elle vieillit. Elles gèrent l'éducation des enfants, la scolarité, le quotidien de la maison et même les finances. En fait, je pense que ma mère et ses sœurs ont pris modèle sur leur propre mère.

Elle représentait un exemple très fort d'autorité qu'elles ont reproduit. Si leur père avait vécu plus longtemps, les choses se seraient probablement déroulées autrement.

Ma grand-mère s'est battue toute sa vie pour subvenir aux besoins de sa famille. C'était une maîtresse femme, très gentille mais très autoritaire. Elle était réputée pour sa générosité à l'égard des autres. Lorsqu'elle vivait encore en Algérie, elle s'occupait d'orphelins ou de gens dans le besoin. Elle était une figure dans son quartier.

Elle habite ensuite chez ma tante. Comme je ne vis plus à Roubaix, je la vois rarement. Je lui rends visite dès que mon emploi du temps me le permet. Mais comme je lui ressemble ! Je suis son clone. J'ai son caractère, sa détermination, une forte personnalité, la même combativité et cette obsession du respect. Comme elle, je place cette valeur au-dessus de tout. Le plus impressionnant est la ressemblance physique. Tous les membres de ma famille sont petits. Ma grand-mère est très grande, moi je mesure un mètre soixante-dix-huit.

Elle reste très attentive à ma carrièrc. Dès qu'elle sait que je dispute un match, elle s'installe sur son fauteuil pour le regarder. Elle tremble à l'idée qu'on me blesse. Quand une joueuse se retrouve à terre, elle appelle ma mère :

« Kheira est tombée !!!

— Mais non, maman, ce n'est pas elle. Regarde bien, Kheira est en train de courir sur le terrain », lui répond-elle d'un ton amusé.

Elle nous a quittés lorsque j'avais vingt-cinq ans. Ses enfants ont respecté sa volonté d'être enterrée dans son pays d'origine, à Bou Hanifia, en Algérie.

Ma mère s'est beaucoup inspirée de la sienne pour nous élever. Je l'admire pour sa force et son courage, elle qui a eu cinq enfants et les a élevés pratiquement seule.

Au fond, si nous sommes aussi nombreux, c'est parce que ma mère nourrit un rêve : avoir une fille. Après ses quatre garçons, elle n'en démord pas, cette fille, elle l'aura. Tant que je n'arrive pas, elle continue de faire des enfants. Elle nourrit le fantasme de la petite fille qui deviendrait en grandissant son alliée, sa copine, sa confidente.

Ce rêve est partagé. Ma grand-mère a beaucoup prié pour que sa fille ait une fille à son tour. Elle a même fait un pèlerinage à La Mecque lorsque ma mère était enceinte de moi. Quand elle est rentrée, elle lui a tendu un paquet.

« J'ai prié pour que le bon Dieu te donne une fille et je t'ai ramené ce petit ensemble rose. Tu l'habilleras avec. »

Alors c'est une évidence : lorsque je nais, ma mère me donne le prénom de ma grand-mère : Kheira.

Kheira, de femme en femme.

Le bonheur de ma mère est immense. Un bonheur hélas de courte durée. À mon entrée en CP, elle joue à la poupée avec moi. Je suis encore petite et malléable à souhait, je me laisse faire. Elle dépense son argent pour m'habiller avec de petites robes à fleurs ou à pois, s'amuse à me faire des tresses, des couettes, des queues de cheval. Elle s'extasie devant sa petite fille tant désirée. Mais à son grand désespoir, je sais très tôt ce que je veux, et surtout ce que je ne veux plus. Dès l'âge de six ans, j'impose mes choix. Terminé les accessoires de fille et les coiffures sophistiquées, ma garde-robe ne se composera à présent que de survêtements et de baskets. Ma mère a beau insister, je n'en fais qu'à ma tête. Vaincue dans le domaine vestimentaire, elle se rabat sur la décoration de ma chambre et tente d'y mettre une touche féminine. Elle recouvre mon lit de couettes roses, de jolies peluches, d'oreillers colorés, de miroirs pailletés. En vain : je jette tout ce qu'elle achète pour tapisser les murs de posters de footballeurs. Elle ne se décourage pas et m'offre des Barbie, des palettes de maquillage que je ne daigne même pas regarder. Un jour, elle m'offre une immense poupée, presque plus grande que moi. Quand vient le soir, je ne peux pas la regarder, elle me terrifie, si bien que je lui demande de la reprendre et de la cacher.

Moi, tout ce que je veux, ce sont des voitures téléguidées, des billes et surtout, surtout, je veux des ballons.

Notre maison jouxte une librairie qui vend des livres, des journaux, mais aussi quelques bibelots. J'ai à peine quatre ans quand, sans demander l'autorisation, je me rends dans la boutique et me dirige aveuglément vers le rayon qui m'attire comme un aimant. Je choisis un ballon, puis deux et rassure le vendeur :

« Ma mère viendra vous régler plus tard. »

Lorsqu'au bout de quelques jours, le vendeur lui réclame son dû, elle s'énerve mais, mise devant le fait accompli, elle n'a pas d'autre choix que de s'exécuter. Je lui pique aussi régulièrement un peu d'argent dans son porte-monnaie – un ou deux francs – pour m'acheter des paquets de cartes de footballeurs que je colle sur mes albums Panini. Elle ferme les yeux dès lors qu'elle me sait heureuse. Je dois reconnaître qu'elle cède à tous mes caprices. Mon statut de fille et de petite dernière m'immunise contre toutes sortes de réprimandes ou de refus. Allez, disons-le, je suis l'enfant chérie, et à ce titre une enfant très gâtée. Je me souviens d'une période où, prise de passion pour la marque Lacoste, j'ai fait part à ma mère de mon rêve de porter l'un de ces survêtements. Si mes souvenirs sont bons, je pense que l'après-midi même, elle m'a acheté une tenue. À cet âge-là, je n'ai pas la moindre idée de ce que signifie la frustration, alors il est difficile pour moi de supporter la moindre contrariété ou même d'entendre le mot « non ».

Je suis une petite princesse dotée d'un caractère bien trempé. Excessive, entière dans tout ce que j'entreprends, et têtue. Il paraît que je suis boudeuse. Je peux rester des heures à faire la tête, sans prononcer une parole. Lorsqu'il arrive à ma mère de me gronder, je couvre mon visage de mes mains pour ne pas la voir. Je lui fais comprendre qu'elle peut toujours crier, je n'entendrai rien, imperturbable. La plupart des disputes portent sur le foot. Il m'est insupportable qu'elle m'interdise de jouer. Me priver de ballon revient à me priver de respirer. Le bras de fer se poursuit jusqu'à ce qu'elle cède. Les rares fois où elle décide de me tenir tête, je passe à l'étape suivante, les menaces :

« Je ne veux plus rester dans cette maison, je vais partir.

— Alors pars, je ne te retiens pas », me répond-elle calmement.

Sans me démonter, je grimpe à l'étage où se trouve une petite valise en carton. J'y dépose quelques affaires et, la tête haute, me dirige vers la porte d'un pas décidé, puis fais mine de quitter la maison. Je reste quelques minutes sur le trottoir et, constatant avec dépit que personne ne vient me chercher, je retourne dans ma chambre et m'enferme. Cette scène s'est reproduite de nombreuses fois.

Mes frères assistent à ce spectacle avec stupéfaction. Comment peut-il en être autrement face à un tel favoritisme ? C'est une éducation à deux vitesses.

Parce que je suis la seule fille, je bénéficie de passe-droits. Je fais ce que je veux quand mes frères, eux, n'ont droit à rien ou presque. Je sors jouer au foot dans la rue, ils doivent rentrer à la maison. De toute façon, ma mère est bien consciente qu'en m'interdisant de sortir, elle se livrera à une guerre sans merci avec moi. Alors, la plupart du temps, elle capitule.

Malgré nos disputes, j'entretiens des rapports fusionnels avec elle. Je reste collée à ses basques. Je pleure dès qu'elle veut sortir. Elle a pourtant bien besoin de souffler de temps en temps. Je suis trop jeune pour le comprendre. La voir partir m'est insupportable, alors je la suis où qu'elle aille. Quand elle s'apprête à dîner à la pizzeria du coin avec une amie, j'enfile mon short, mon maillot et, le ballon à la main, je l'attends de pied ferme devant la porte.

« Que fais-tu, Kheira ?

— Je viens avec toi !

— Tu ne peux pas sortir habillée comme ça !

— C'est ça ou le survêtement. »

À peine arrivons-nous au restaurant que je commence à gesticuler sur ma chaise. Par la fenêtre, je regarde le bitume. Il faut impérativement que je sorte jouer au foot. Je sais qu'elle a honte, parfois, de cette enfant qui ne peut pas se tenir, dont les idées fixes l'emportent sur le reste. Surtout, elle se rend à l'évidence : « J'ai rêvé d'une fille et j'ai fait cinq garçons. »

Quand nous revenons du restaurant, mes frères me regardent d'un air mi-mauvais, mi-attendri. S'ils ont manifesté de la joie lorsque je suis née, ils paraissent maintenant exaspérés par mes comportements tyranniques qui n'entraînent pas ou si peu de punitions. Je n'ai jamais imaginé ce qu'ils pouvaient ressentir face à un tel favoritisme. Je n'en ai pas conscience, je suis trop petite.

Ils payent cher leur statut de garçon ! Aujourd'hui, l'aîné, Karim, a quarante-cinq ans, soit douze ans de plus que moi, Tameur, le second, quarante-quatre ans, Mehdi, quarante-deux ans, et le quatrième, Sofiane, trente-cinq ans.

Durant notre enfance, nos relations sont houleuses. Ils ne me considèrent pas. Moi, je les déteste. Oui, je n'exagère pas, je les déteste, car ils refusent de me faire participer à leurs jeux. Je me sens exclue.

Dès que j'entends le bruit de la PlayStation, je rapplique dans la chambre en les suppliant de me laisser jouer.

« OK, laisse-moi finir et ce sera à toi », me promet Karim.

J'attends patiemment, mais une fois sa partie terminée vient le tour de Tameur, puis celui de Mehdi et ainsi de suite. Au bout du compte, je ne joue jamais, ce qui me plonge dans un état proche de l'hystérie. Je me mets à crier et, en guise de réponse, j'entends :

« Allez, sors de la chambre et va t'amuser avec tes poupées ! »

M'associer à des jeux de fille, c'est pour moi le comble de la vexation. Pourquoi devrais-je jouer autrement qu'eux, pourquoi n'aurais-je pas le droit de faire partie du clan ? Après plusieurs tentatives ratées, j'en prends mon parti et, à mon tour, je vis ma vie comme s'ils n'existaient pas.

Pourtant, je ne doute pas de leur amour. Les cadeaux ou les petites surprises qu'ils m'offrent témoignent de la profonde tendresse qu'ils me portent. Ils m'aiment, oui, mais à condition que je ne traîne pas dans leurs pattes. La différence d'âge entre nous est trop importante pour nouer une amitié d'égal à égal au-delà de la fraternité.

Malgré le peu d'années qui me séparent de Sofiane, je ne m'entends pas non plus avec lui pour une raison bien précise. Lorsque je commence à jouer au foot avec les garçons du quartier, Sofiane me suit. En raison de son surpoids, mes potes refusent de l'intégrer dans l'équipe. À force d'être rejeté, mon frère a trouvé la parade : « Si vous ne me prenez pas, ma sœur ne jouera pas. »

Ils ne cèdent pas tout de suite. Je bous intérieurement ! À cause de lui et de son petit chantage, je suis privée de foot, alors je négocie : « Mettez-le dans les buts ! »

Et c'est comme ça que je parviens à participer aux matchs du quartier.

Une éducation stricte

Bien plus jeune que mes trois grands frères, Sofiane n'est pas épargné par la sévérité de ma mère. Quatre garçons à élever à des âges si rapprochés, ce n'est pas une mince affaire, mais elle mène leur éducation d'une main de maître. Mon père y participe peu.

La question de savoir qui fait office de chef de famille à la maison ne se pose pas. Toute petite, je comprends que mon père peut me servir de rempart, se ranger de mon côté, alors je cours me cacher derrière lui quand ma mère me gronde. Avec un air complice, il me glisse à l'oreille : « Pourquoi elle crie toujours ? »

En vérité, il n'a pas conscience de tout ce qu'elle fait pour nous. L'éducation que ma mère a donnée à mes frères a porté ses fruits puisque jamais, au grand jamais, ils n'ont posé de problèmes importants, y compris à la période difficile de l'adolescence. Ils filent droit. Ma mère ne cesse d'ailleurs de me répéter : « Tes frères ne m'ont pas fait endurer le dixième de ce que j'endure avec toi ! Tu me fais la misère chaque jour avec ton ballon ! »

Elle a raison et pourtant, comme mes frères, je la crains. J'ai beau lui tenir tête et imposer mes quatre volontés, je sais que je ne dois pas franchir un certain seuil de tolérance. Elle est stricte et autoritaire. Elle hausse souvent le ton, mais ne lève pas la main sur nous. J'ai quand même le souvenir de l'avoir vue poursuivre Sofiane, un balai à la main. Elle nous inculque des valeurs comme le respect et la politesse – malheur à nous si nous oublions de dire merci ou s'il vous plaît. Nous devons également bannir les gros mots de notre vocabulaire.

La religion n'occupe pas une place très importante dans le quotidien de mes parents. Ils sont croyants mais peu pratiquants, à l'inverse de ma grand-mère. Ma mère, sans jamais renier ses racines, s'est toujours sentie française. Ainsi, mes parents ne nous imposent rien, si ce n'est le ramadan. Jusqu'à l'âge de douze ans, seulement le week-end, puis dès l'adolescence, la journée entière.

Karim, mon frère aîné, commence à s'intéresser à l'islam à partir de seize ans. Il devient pratiquant. Tameur et Mehdi suivent le même chemin deux ans plus tard. Leur foi ne cesse de grandir au fil du temps. Une foi modérée. Ils sont habillés en jeans et baskets et fréquentent les mosquées traditionnelles.

Un événement a cependant renforcé leur croyance.

Tameur a alors dix-huit ans. Un samedi soir, il décide de faire une virée en Belgique pour aller en boîte de nuit avec des amis. Sur le chemin du retour, ils empruntent des petites routes de campagne au lieu de l'autoroute. La voiture roule à une allure normale, mais la visibilité est restreinte. Soudain, le véhicule dérape, heurte un obstacle, fait des tonneaux et finit sa course dans le fossé. Ils en sortent indemnes, avec quelques égratignures seulement.

La voiture, elle, n'est qu'un tas de métal broyé.

À la suite de cet accident, quelque chose change. Tameur est plus calme, plongé dans ses pensées. Quelques jours plus tard, lors d'un petit-déjeuner en tête à tête avec ma mère, il lui annonce calmement :

« Je veux aller pèleriner à La Mecque.

— C'est impossible, tu es trop jeune ! Tu dois attendre un peu ! répond ma mère, sidérée.

— Non, maman, je dois y aller. J'ai eu un déclic. Nous n'aurions jamais dû sortir vivants de ce fossé… »

Il prend conscience qu'il est miraculé. Il aurait dû mourir, mais Dieu l'a protégé. Les jours passent et il insiste, se renseigne sur le voyage. Ma mère demande conseil à ma grand-mère qui abonde dans le sens de mon frère.

« Si c'est son choix, alors laisse-le faire. »

Tameur part quelques jours. Nous appréhendons son retour. Va-t-il changer de comportement envers nous ? Il n'en est rien. Il reste le même mais semble juste apaisé.

Ma mère ne s'inquiète pas de la pratique religieuse de mes frères tant qu'elle reste personnelle et discrète. Elle dit toujours : « Pendant qu'ils prient, ils ne font de mal à personne et ne sont pas tentés par les bêtises. »

Je crois en Dieu depuis toujours. Il partage chaque seconde de mon quotidien. Je L'implore dans les moments difficiles et Le remercie chaque jour. Il me donne une force incommensurable car je ressens Sa présence en moi. Malgré les épreuves douloureuses, j'ai le sentiment qu'il ne peut rien m'arriver. Moi aussi, je suis protégée.

Avec l'âge, la maturité, je suis devenue également pratiquante. Aucun événement particulier n'a provoqué de déclic chez moi. J'ai commencé à prier vers l'âge de dix-sept ans, quand je me suis sentie prête tout simplement. La foi a pris une place importante dans ma vie.

Je suis avide de connaître ma religion, avide d'apprendre pour être capable de mieux la pratiquer. Je m'instruis en lisant le Coran mais aussi des livres religieux qui nous guident dans notre relation avec les autres, notre propre comportement, la manière d'appliquer les préceptes religieux. Ces ouvrages sont des leçons de vie. Lire le Coran m'apaise et me soigne le cœur.

L'islam est compatible avec mon métier et le pays dans lequel je vis.

Croire en Dieu m'apporte un socle, un cadre de vie solide. C'est ce que ma mère souhaite nous transmettre : la droiture et l'honnêteté. Elle a œuvré durant toute notre jeunesse dans ce sens-là, c'est la raison pour laquelle elle interdit fermement à mes frères de traîner dans la rue. À l'âge où les jeunes se réjouissent de se retrouver entre eux, Karim, Tameur et Mehdi doivent rentrer aussitôt l'école terminée. Elle craint les mauvaises fréquentations et l'oisiveté. En revanche, elle reçoit toujours avec plaisir leurs amis. Certains d'entre eux en ont une peur bleue. Lorsqu'ils l'aperçoivent, ils se mettent à crier « Oh là là ! Ta mère est là ! » en prenant leurs jambes à leur cou.

Avec le recul, nous avons compris que sa sévérité et son exigence vis-à-vis de ses enfants – et plus particulièrement de mes frères – n'avaient qu'un seul but : faire de nous des adultes sérieux. Pari réussi. Mes quatre frères sont mariés, pères de famille et tous ont un emploi. Ma vie est certes différente, mais sur le plan professionnel, je n'ai pas à me plaindre. Comme eux, j'ai le souci du devoir, du travail accompli et, par-dessus tout, le sens de la famille.

Je suis passée de la petite princesse capricieuse à une femme posée et respectueuse. Bien que cette transformation ait été progressive, elle a débuté lorsque j'ai quitté la maison. Je me suis retrouvée au centre de formation de Clairefontaine où les règles de vie étaient strictes. Si je me rebellais, la sanction tombait. C'était marche ou crève. J'ai eu du mal à accepter l'autorité, mais après avoir été punie à de nombreuses reprises, je me suis pliée au règlement. L'encadrement sportif m'a façonnée, en quelque sorte. Loin de ma famille, livrée à moi-même, j'ai mûri. J'ai été obligée de me débrouiller seule, de penser par moi-même. J'ai rencontré de nombreuses personnes qui m'ont fait évoluer et surtout, j'ai pris conscience de la chance d'avoir été si bien éduquée et tant aimée par mes frères et mes parents. Je nourrissais ce rêve de leur donner autant qu'ils m'avaient donné. Je répétais inlassablement à ma mère : « Quand je serai footballeuse professionnelle, je vous gâterai, je vous offrirai des cadeaux et toi, maman, tu n'auras plus besoin de travailler. »

La boulangerie

Mes parents gagnent correctement leur vie, mais nous ne vivons pas pour autant dans l'opulence. Je suis trop petite pour comprendre que ma mère se sacrifie pour nous. Je m'en rendrai compte plus tard. Mes quatre frères et moi sommes toujours bien habillés, elle ne supporte pas de nous voir vêtus d'un pantalon usé ou de baskets trouées. Elle se prive de tout pour que nous ne manquions de rien, ne se fait jamais plaisir. Nous sommes sa priorité. Elle se contente de regarder les vitrines des magasins, achète avec les yeux. Pour varier leurs tenues, ses sœurs et elle s'échangent leurs robes.

À son arrivée en France, ma mère était couturière dans une société qui fabriquait des housses de voiture et des plaids pour les avions. Quand j'ai eu sept ans, son entreprise a été rachetée et, du jour au lendemain, tous les employés ont été licenciés. Elle se retrouve sans emploi après trente-deux ans de bons et loyaux services. Nous la voyons lasse, fatiguée, mais aussi satisfaite de ce repos forcé. Elle profite de ses journées pour s'occuper d'elle, de nous et de la maison. Elle est très sociable et se lie facilement avec les gens.

Une grande communauté maghrébine vit dans notre quartier et ma mère y est bien intégrée. Elle sympathise avec tout le monde. À chacune de ses sorties, elle croise une personne qu'elle connaît, une vieille dame qui lui demande des nouvelles de ses enfants, une mère de famille qui s'épanche sur sa vie. Ma mère reste toujours à l'écoute. Il arrive également qu'on l'interpelle dans la rue :

« Bonjour Madame ! Tout le monde va bien chez vous ? »

Elle répond toujours avec le sourire.

Depuis plusieurs années, elle se rend chaque matin dans une boulangerie du quartier. Au fil du temps, elle noue des relations amicales avec la patronne, une jeune femme de trente-cinq ans, énergique et volontaire. Dès que la boutique se vide de ses clients, les discussions entre elles vont bon train. Un matin, elle l'invite à passer derrière la caisse. Plantant ses yeux dans les siens, elle lui fait alors cette proposition surprenante :

« Je te vois souvent parler avec les gens. Tu parles arabe couramment. Viens travailler avec moi ! Il n'y a que toi qui pourrais occuper ce poste. Penses-y », insiste la boulangère.

Ma mère demande un délai de réflexion. Elle ne souhaite pas reprendre une activité professionnelle dans l'immédiat. Elle travaille depuis l'âge de quatorze ans et est épuisée. Elle a besoin de se reposer une année au moins. Elle hésite quelques jours, mais face à l'insistance de la boulangère, accepte. Elle devient vendeuse. Elle prend son métier très à cœur. Derrière le comptoir, elle a toujours un mot pour chacun. Ma mère me semble à sa place.

Mais un an plus tard, en raison d'une liquidation judiciaire, la boulangerie ferme ses portes. Plutôt que de céder à l'abattement, l'un de mes frères lui suggère de reprendre la boutique.

« Quelle idée saugrenue, pense-t-elle. C'est impossible, aucun de mes fils ne connaît le métier. »

Quelques mois auparavant, elle a fait la connaissance d'un jeune boulanger-pâtissier qui se propose spontanément de l'accompagner dans ce projet et de former mes frères. Elle finit par accepter et c'est par ce curieux concours de circonstances qu'elle se lance dans sa nouvelle activité. Nous quittons notre appartement pour nous installer au-dessus de la boulangerie.

L'endroit est spacieux et l'odeur qui s'en échappe le matin donnerait envie à n'importe qui d'y entrer pour déguster le pain et les viennoiseries encore chaudes, à peine sorties du four. Toutes sortes de sandwichs sont disposés sur un comptoir près de la caisse, mais j'aime par-dessus tout le rayon pâtisserie. D'un côté, les classiques – tartes aux fraises, au citron, éclairs au chocolat –, et de l'autre, la partie orientale avec les loukoums, les cornes de gazelle et les gâteaux aux amandes et au miel. Cette boulangerie, ce sont mes deux cultures réunies. Tameur et Mehdi pétrissent le pain. Ma mère s'occupe de la nourriture sucrée, des courses et de la caisse, aidée par Karim et sa seconde sœur. Tous les produits sont faits maison.

C'est une véritable petite entreprise familiale.

La partie privée se situe à l'arrière de la boulangerie : une cuisine et deux grandes pièces. Plus en retrait, se trouve une salle appelée le laboratoire, avec le four, le pétrin et tous les ustensiles utiles au métier de boulanger. À l'étage, quatre chambres et deux salles de bains.

J'ai huit ans à l'époque et les souvenirs de cet endroit restent gravés dans ma mémoire. Mes trois frères reconvertis, seuls Sofiane et moi, plus jeunes, poursuivons notre scolarité.

Un matin, vers 11 h, ma mère aperçoit mon frère rentrer de l'école, l'air penaud.

« Je me suis fait renvoyer pendant quelques jours, avoue-t-il.

— Pour quelle raison ?

— Je suis arrivé en retard à l'école… Mais juste de cinq minutes, se justifie-t-il.

— Encore ? C'est la cinquième fois ! Ton collège est à vingt mètres de la maison ! Maintenant, ça suffit, tu vas mettre ton pyjama et dormir car, à partir de demain matin, tu travailleras avec nous à la boulangerie. »

Sofiane lui obéit. Le lendemain matin, il devient lui aussi boulanger.

Mon frère n'aime pas les études. Je me souviens qu'à une époque, ma mère l'a inscrit dans un internat à Lille. Cet établissement prisé lui coûte très cher. Mais Sofiane ne travaille pas. Ses résultats sont catastrophiques. Au moment de faire ses devoirs, il se sauve toujours par le garage pour y échapper.

Un jour, excédée, ma mère lui lance :

« Avec tout ce que j'ai payé pour toi, j'aurais pu m'offrir une voiture, sortie tout droit du garage ! »

Ses journées commencent à 5 h du matin et s'achèvent à 20 h. Elle est si épuisée qu'elle ne trouve pas la force de dîner et monte se coucher. Elle n'a pas le temps de s'occuper de notre scolarité, ni de contrôler nos devoirs. Entre Sofiane et moi, elle a du souci à se faire de ce côté-là.

La bête noire

Je n'aime pas l'école non plus, même si j'ai conscience de la nécessité d'apprendre. Je ne suis ni bonne, ni mauvaise élève. Je ne me sens pas concernée. Je suis moyenne, tout simplement.

Seul le foot occupe mon esprit du matin au soir. Je suis obsédée par l'idée d'en faire mon métier. À cette époque, le football professionnel féminin n'existe pas, mais dans ma tête de petite fille, je me rabâche : « Plus tard, je serai tellement forte que les dirigeants feront une exception pour moi et je jouerai avec les garçons. Je serai la seule fille ! Si je suis trop forte, ils ne pourront pas faire autrement. »

Jusqu'au jour où j'immortalise cette conviction en prenant une craie et en gravant sur les murs de ma chambre : *Je veux devenir footballeuse professionnelle.*

Je crains la réaction de ma mère. Il est 20 h, je l'entends fermer la boulangerie. Ses pas résonnent dans l'escalier, puis se rapprochent de ma chambre.

« Ça va ma fille ? » me demande-t-elle d'un ton enjoué.

Son regard ne s'est pas encore posé sur l'inscription. Face à mon silence, elle comprend qu'il se passe quelque chose d'anormal. Je fais juste un signe de la tête en direction du mur. Ma mère se retourne et, à ma grande surprise, clame :

« Inch'allah ! Si c'est ça que tu veux, alors Dieu t'aidera et tu réussiras. »

Je reste sans voix. Ma mère, habituellement si stricte, s'incline devant ma détermination. Je me jette dans ses bras en signe de reconnaissance.

Elle comprend que seul le foot compte dans ma vie.

Je n'envisage pas une seconde d'exercer un autre métier. Je traîne les pieds pour me rendre en classe. Dès que la cloche retentit, sans dire au revoir à mes camarades, je fonce à la maison, jette mon cartable, avale mon goûter et prends mon ballon. C'est vital. Même pour dix minutes, il faut que je joue. Ensuite, je peux me consacrer à mes devoirs.

Quand je ne joue pas à la maison, je joue au collège alors que le règlement l'interdit formellement. Je le sais, mais c'est plus fort que moi. Dès que la cloche sonne pour annoncer la récréation, je me précipite dehors pour jongler ou faire quelques dribbles. Mes camarades ne s'en étonnent plus. D'ailleurs, ils ne cherchent plus à discuter avec moi, ils voient bien que je vis dans un autre monde.

Je deviens le casse-tête des professeurs, des surveillants, du directeur car je suis ingérable. Je me souviens avoir brisé une vitre dans la salle de cantine en tirant trop fort. Car même pour déjeuner, j'emporte mon ballon.

Je ne me sens bien qu'en cours de gym car je m'adonne à ma passion en toute légitimité. Peu importe qu'il s'agisse de basket-ball ou de ping-pong, du moment que j'ai une balle, je suis comblée. Je peux shooter dedans. Je transforme n'importe quel objet, par exemple la perche qui nous sert à sauter, en poteau de but. Ce qui m'obsède, je crois, c'est de lancer cette balle à toute allure, qu'elle traverse le terrain et atterrisse dans sa cible. Qu'elle touche son but, précisément. Au fond, dans cette balle, c'est ma détermination que je transpose.

Il arrive que ma mère soit convoquée au collège, mais en raison de son travail très prenant à la boulangerie, elle ne peut se déplacer. En désespoir de cause, les professeurs viennent à elle et l'entretien se déroule souvent entre une baguette de pain et un gâteau. Inutile de préciser que je me débrouille toujours pour ne pas assister à ces discussions. Un jour pourtant, alors que je traîne dans la boutique avec mon ballon, l'un de mes profs entre pour parler à ma mère. Je ne me souviens plus de la raison qui l'a poussé à venir, mais cette fois, ma présence semble indispensable.

Très poliment et un peu gêné, il lui dit :

« Madame, je suis venu jusqu'ici car je dois absolument vous parler de votre fille. Ça ne va pas du tout. »

Plus il parle, plus le visage de ma mère se ferme, jusqu'au moment où elle me gifle. Je reste sous le choc. Elle n'a jamais levé la main sur moi jusqu'à présent ! À sa décharge, je pense qu'elle était à bout, désespérée, mais surtout impuissante face à cette obsession du foot qui balayait tout sur son passage.

Aucun adulte n'a de prise sur moi, les leçons de morale et les avertissements glissent. Je sais ce que je veux faire, ce que je veux devenir et personne n'a le pouvoir de me détourner de mon objectif.

Le proviseur m'a dit un jour : « Tu n'arriveras à rien ! Tu finiras dans la rue. »

« Parle toujours, avais-je pensé. Tu verras où je serai dans quelques années ! »

Le jour de la rentrée de quatrième, je déboule devant le collège, accompagnée de mes amis. Une liste est affichée sur la grille pour nous indiquer dans quelle classe nous sommes affectés. J'ai beau chercher, je ne trouve pas mon nom, alors que mes camarades se dirigent déjà vers les salles. Je crois à une erreur administrative. Peu à peu, les abords de l'établissement se vident quand, soudain, le directeur s'avance vers moi.

« Que fais-tu là, Kheira ? »

Interloquée, je lui réponds :

« Comme tous les élèves, je viens à l'école.

— Mais tu ne fais plus partie du collège, j'ai envoyé une lettre à ta mère pour lui signifier qu'on ne te gardait pas. »

Des années plus tard, lorsque je suis devenue professionnelle, il a sollicité ma tante dont les enfants étaient scolarisés dans son collège pour que je donne une conférence : « Votre nièce doit faire passer un message aux élèves. Elle est un exemple de réussite. » Malgré la pression de ma famille, j'ai toujours refusé. J'ai croisé le directeur quelques années plus tard. Il marchait avec sa femme.

« Viens, lui dit-il, tout fier, c'est une ancienne élève à moi. Je vais te la présenter ! »

Je me suis plantée devant lui et lui ai lancé :

« Mais vous plaisantez ? Vous m'avez jetée ! Je vous avais dit que j'allais réussir ! »

Fille ou garçon ?

Je ne suis, à cette époque-là, qu'aux prémices de ma carrière.

Ma vie est tendue vers un seul but : devenir la meilleure.

Je parle foot, je dors foot, je respire foot. Mon idole s'appelle Zinedine Zidane. Il représente pour moi le meilleur joueur du monde. Son football, sa technique, sa vision du jeu… Quand on le regarde jouer, on a l'impression que le foot est un sport si facile ! Il est tellement élégant sur un terrain ! Au-delà du joueur, j'aime l'homme, son calme, sa discrétion et son humilité. J'ai eu l'occasion de le croiser une seule fois lorsque je jouais avec l'équipe de France. Il est venu nous saluer. Quand il s'est approché de moi, j'ai murmuré un « bonjour », puis j'ai baissé les yeux. J'étais trop intimidée.

Je me sauve pour aller jouer sur le terre-plein en herbe en face de la maison. Je construis des cages avec des bouteilles d'eau. Je trouve toujours une bonne âme pour jouer avec moi : mon frère Sofiane, ma cousine et parfois même des gamins qui se baladent dans le coin. Je les attrape, peu importe qu'ils aiment le foot ou pas, j'ai besoin d'obstacles. J'ordonne : « Mets-toi là et ne bouge plus ! » et je tire des buts pendant des heures. Les pauvres pantins prostrés attendent leur libération. Quand je me retrouve seule, je tape contre le grand mur qui fait face au parc ou je jongle jusqu'à épuisement. Je me fixe déjà des objectifs : cent de la tête, cent du pied droit, cent du pied gauche…

Ma mère me cherche partout, elle me fait appeler par les voisins, je ne rentre pas. Les jours de pluie, je reste chez moi, le ballon collé aux pieds. Je dribble dans le salon, dans les chambres. L'encadrement des portes me sert de cage. Le bruit est assourdissant. Il m'arrive régulièrement de casser des objets quand je ne contrôle pas mes tirs et c'est là que ma mère, ivre de rage, débarque et se met à hurler, un cadre brisé à la main. Parfois même, elle m'arrache le ballon des pieds et le crève à l'aide de ciseaux. Je vous laisse imaginer ma réaction.

Je ne traîne qu'avec des garçons, je n'ai pas de copines à part mes deux voisines. Pour leur faire plaisir, je joue dix minutes à la marelle puis je rejoins mes compagnons de jeu. La seule avec laquelle j'aime passer du temps, c'est ma cousine Hanane. Elle a trois ans de plus que moi. Nos mères sont sœurs. Nous avons grandi ensemble à Roubaix et lorsque je n'étais pas sur les terrains, nous étions littéralement collées. Elle adorait dormir à la maison et moi, je me faisais une joie de la recevoir. Dès qu'elle arrivait, nous nous adonnions à nos jeux favoris : les batailles de coussins, les parties de cache-cache dans la maison. Parfois, nous nous installions sur un matelas en haut des escaliers et dévalions les marches à toute vitesse. Le soir, nous allions chercher mon frère Sofiane dans sa chambre.

« Tu viens jouer ?

— Non, laissez-moi tranquille, répondait-il, excédé.

— Allez, viens !!! »

Nous insistions. Face à son refus, nous passions à l'étape suivante : la provocation.

« Il a peur de nous ! Il a peur de nous ! »

Gagné ! Mon frère se levait d'un bond et notre petit jeu se terminait par une bagarre générale. Mais ce que nous préférions par-dessus tout, c'était les pains au chocolat tout chauds que nous chipions à la boulangerie dès que ma mère avait le dos tourné. Que de beaux souvenirs ! Quelle complicité ! Pourtant, Hanane ne comprenait pas ma passion pour le foot.

« Qu'est-ce qui te plaît dans ce sport ? Je n'en vois pas l'intérêt, me disait-elle, les yeux écarquillés.

— J'aime tout, la beauté du jeu, l'adrénaline que ça procure, les émotions, la technique, marquer des buts ! Tout, quoi !

— Mais, je sais pas, c'est bizarre quand même, tu n'as pas envie de jouer à la poupée ?

— Non ! Moi je n'aime que le foot et d'ailleurs, j'en ferai mon métier plus tard. »

Fin de la discussion. Ma cousine me prenait probablement pour une extraterrestre, mais ne me jugeait jamais. En grandissant, elle a pris conscience que ma passion ne se résumait pas à une passade ou une envie d'être différente. Elle a commencé à me prendre au sérieux lorsque je suis partie à Clairefontaine : « Félicitations, m'avait-elle dit. Je crois fort en toi ! » Malgré l'éloignement, notre lien a perduré et s'est renforcé avec les années.

Dans mon enfance, à part elle, je n'ai pas de copines. Quand j'aperçois au loin les filles du quartier, assises sur les bancs aux alentours du parc, en train de papoter et de minauder, je me sens si différente ! Je baisse alors les yeux, vois ces cuisses musclées, ces mollets qui s'affermissent, ces croûtes qui recouvrent peu à peu mes genoux, ces grosses baskets et je dois me rendre à l'évidence : je ne ressemble à aucune autre fille. D'ailleurs, dès que je passe devant elles, je les entends piaffer et me traiter de garçon manqué.

Me faire accepter par les garçons n'est pas facile non plus. Moi, je ne doute de rien, je fonce, me plante devant eux et, naturellement, leur lance :

« Je veux jouer au foot avec vous. »

Tous me regardent avec mépris.

« C'est qui cette fille qui veut faire comme nous ? Allez, dégage ! »

Sans leur répondre, je m'empare du ballon et commence à dribbler. Ils s'approchent de moi, croient à la chance du débutant, mais rien n'y fait, ils ne retrouveront plus le ballon. Je feinte, tente une roulette, et leur corps essoufflé se tasse peu à peu. Au bout de dix minutes, je fais partie des leurs. Aujourd'hui, tous ces garçons sont devenus mes frères parce qu'ils ont compris que je ne me laisserai jamais faire et surtout parce que je joue bien au foot. Je suis leur égal.

Parce que je suis une fille et parce que j'aime ce sport, je dois toujours redoubler d'efforts et faire mes preuves pour être respectée. Et puis, j'ai un autre avantage non négligeable : je n'ai peur de personne et j'adore me battre. Avec les poings, avec les pieds. Comme un mec. Je me prends des coups, je finis ensanglantée, mais je me défends et je tape. Je suis fan du film *Karaté Kid,* j'en étudie tous les gestes – notamment la « balayette » – pour les reproduire lors de mes bagarres et ça fonctionne. Je veux en découdre partout, dans la cour de récré, dans la rue. Toujours prête. Je me souviens même un jour m'être battue contre deux garçons, des frères.

Si quelqu'un lève la main sur Sofiane, je ne réfléchis pas et je déboule comme un pitbull pour le défendre. L'inverse n'est pas vrai. S'il me voit à terre, il ne bouge pas, il s'en fout.

Je me balade toujours avec ma bande et, régulièrement, je leur demande :

« C'est qui la plus forte en bagarre ?

— C'est toi !

— C'est qui la plus forte au foot ?

— C'est toi ! »

Comme j'aurais aimé que cette petite terreur prenne l'ascendant ce soir de novembre 2021…

Celle qui trinque, c'est ma pauvre mère qui voit arriver comme des furies les parents des gamins à la boulangerie.

« Madame, votre fille a frappé mon fils ! Madame, mon fils est en larmes à cause de votre fille ! »

Moi, je suis planquée derrière les voitures en attendant que la tempête passe.

Je sais que je lui en fais voir de toutes les couleurs, mais je n'y peux rien, je suis née ainsi. Une sorte d'ovni que personne n'a vu venir. Je me fais siffler, j'encaisse moqueries et insultes, mais je m'en fous, je trace ma route. Ce qui me chagrine davantage, ce sont les réflexions que ma mère subit à cause de moi. Les gens chuchotent sur notre passage :

« Regarde, c'est elle ! La fille qui joue au foot ! »

Dès que je l'entends se disputer avec ma tante, celle chez qui ma grand-mère vit, je sais qu'il s'agit de moi.

« Ta fille n'est pas normale, tu ne dois pas la laisser faire. Elle doit arrêter de traîner avec les garçons et de jouer au foot.

— Foutez-lui la paix ! Si elle a envie de jouer, elle jouera. »

Face aux autres, elle me défend bec et ongles et me soutient malgré ce que je lui fais endurer. Quand ce n'est pas ma tante, c'est ma grand-mère qui prend le relais :

« Mais d'où elle sort ? Ce n'est pas un sport pour les filles ! »

Quand je pense qu'elle avait prié jour et nuit pour que ma mère accouche d'une fille… N'empêche qu'à l'âge de cinq ans, alors que je souffre de fréquentes crises d'asthme qui me privent de jouer au foot, ma grand-mère décide de prendre les choses en main. Elle concocte une préparation à base d'herbes pour m'apaiser. Grâce à cette recette miraculeuse, je peux à nouveau m'adonner à ma passion.

J'ai l'impression d'être punie – ainsi que ma mère – alors que je ne fais rien de mal. On me confisque mon ballon, m'empêche de sortir, mais peu m'importe, je sors par les fenêtres. Rien ni personne ne peut arrêter ma course.

Je suis le vilain petit canard et la honte de la famille. Une fille digne de ce nom ne se comporte pas comme ça. Ma place est censée être à la maison. *Tu dois aider ta mère et obéir à tes grands frères !* Même pas en rêve ! Quand l'un d'eux s'avise de me faire une réflexion ou me demande de le servir, je le toise d'un regard dédaigneux. Indignés, ils interpellent ma mère :

« C'est la seule fille de la maison et elle ne nous sert pas ! Elle ne nous a jamais préparé un dîner !

— Je ne vous ai jamais servis et je ne vous servirai jamais ! »

Je réponds du tac au tac.

Puis je tourne les talons.

Footballeuse envers et contre tous

Si seulement ils me laissaient vivre ma passion comme je l'entends ! Mes frères ne se sont jamais montrés violents ni irrespectueux envers moi, juste très protecteurs, au point parfois de me gâcher la vie. En réalité, ils sont dans l'incompréhension de ce que je suis, l'incompréhension de voir leur sœur jouer au foot au lieu d'habiller ses poupées comme les autres petites filles.

À cette époque, le football féminin est peu représenté, nous sommes peu nombreuses à jouer en France. Dans leur tête, ce n'est donc qu'une passade qui va disparaître en grandissant, mais en attendant, je dois affronter chaque jour leurs réflexions, leurs injonctions.

Mon frère aîné, Karim, ne me lâche pas. Dès qu'il me surprend sur un terrain avec les garçons du quartier, il me fait un geste de la main qui signifie « Rentre à la maison ! ». Je fais comme si je ne le voyais pas, alors il s'approche de moi et me dit :

« Tu es au milieu de cinquante garçons ! »

Mes copains interviennent :

« Laisse ta petite sœur, elle ne fait rien de mal ! »

Impossible de lui faire entendre raison, il lui est insupportable de me voir dans ces situations, surtout quand lors d'un match je tombe parce que les gars me poussent ou me taclent. Il a peur pour moi, pour mon intégrité physique, ne cesse-t-il de me répéter. Dès qu'il me voit enfiler mon short, il se poste devant la porte.

« Tu ne sors pas, ce n'est pas un sport de filles ! »

Ma mère me défend toujours.

« Laisse-la tranquille ! »

Plus tard, lorsque nous nous sommes remémoré ces moments, il m'a avoué qu'il avait bien remarqué mon aisance technique sur le terrain et mes capacités, mais la peur et toujours cette même incompréhension lui faisaient perdre toute lucidité.

Je me révolte, je crie, je pleure ! Ma mère devient, dans ces moments-là, mon seul refuge, parce qu'elle me comprend, me soutient jusqu'à s'interposer entre mon frère et moi. Le jour où Karim lui a dit « On n'a qu'une sœur et elle joue au foot ! Ta fille n'est pas normale », ma mère est sortie de ses gonds.

« Maintenant, vous allez tous la laisser tranquille ! Si elle veut jouer au foot, elle jouera au foot ! Si elle veut aller loin, elle ira loin et vous n'avez rien à dire. »

Puis, elle a enchaîné :

« Vous vivez chez moi ! Quand vous serez mariés, vous vous occuperez de vos propres enfants et je ne me mêlerai de rien, mais aujourd'hui, il s'agit de ma fille et c'est moi qui commande, alors si je décide qu'elle sera footballeuse, elle le sera ! »

C'est dans ces moments-là que je mesure combien ma mère a fait le deuil de cette fille dont elle avait tant rêvé. Fini, les poupées ! Cette enfant hors des clous, qu'elle soit heureuse, c'est tout ce qui compte pour elle.

Il m'a fallu lutter pendant des années, résister à la pression familiale et aux jugements extérieurs pour continuer de jouer. Je voulais prouver à tous que j'y arriverais.

Mes frères ont lâché prise lorsque je suis entrée au centre de formation de Clairefontaine, ce temple du football qui a vu émerger de grands footballeurs, comme Thierry Henry, pour ne citer que lui. Sans aller jusqu'à imaginer que je ferais carrière dans ce sport, ils m'ont enfin prise au sérieux. Aujourd'hui, je sais qu'ils sont très fiers de moi.

Nous avons emprunté des chemins différents. Karim, Tameur et Sofiane sont toujours boulangers. Mehdi, lui, travaille en Belgique dans une usine de frites.

Nos relations se sont apaisées. Je reste toujours leur petite sœur, eux mes grands frères, mais je suis passée de la haine à l'amour. Quand notre identité est reconnue, je crois que c'est là que l'affection peut commencer.

La délivrance

J'ai l'impression de tourner en rond, de ne pas progresser. J'en ai assez de jouer dans la rue. Je harcèle ma mère pour qu'elle contacte le Hommelet Sport et Culture situé à Roubaix, là où nous habitons. C'est un club de foot affilié à la Fédération française de football. Dans ma classe, je connais un garçon qui en fait partie, mais une fille… Du jamais vu !

Après plusieurs tentatives téléphoniques restées vaines, elle prend l'initiative de se déplacer pour rencontrer le directeur. L'échange n'excède pas cinq minutes car la réponse est sans appel : « Nous n'acceptons pas les filles. »

Elle insiste, y retourne à plusieurs reprises sans plus de succès. Le refus est définitif.

J'ai à peine huit ans et je suis désespérée. Je ne peux envisager mon avenir autrement que dans le football. Je vois mon horizon se refermer. Je continue, malgré tout, de jouer avec les garçons du quartier.

Mon école organise régulièrement des tournois de foot entre les classes. Des matchs sans prétention qui se déroulent dans le parc, près du fameux stade Sport et Culture. Ce jour-là, ma classe de CM1 affronte les CM2. Je suis survoltée, j'attaque, je défends, je parcours tout le terrain en dribblant mes camarades puis je marque. Je ne sais combien de buts j'ai plantés ! Les professeurs présents restent ébahis : « Mais elle sort d'où, cette petite ? »

Ma mère, fidèle à elle-même, assiste à la rencontre. Assise sur un banc avec quelques parents, elle admire les prouesses de sa fille. Au même moment, l'entraîneur du club longe le parc d'un pas pressé. Les cris attirent son attention. Il ralentit, jette un œil furtif sur le match puis, au moment de continuer son chemin, pose son regard sur moi. Je viens d'augmenter le score avec un très beau but. Je reprends ma course, mes dribbles puis marque à nouveau.

Il entre, se rapproche du terrain, m'observe quelques minutes, les mains derrière le dos. Son visage est impassible.

Je le reconnais immédiatement. Ma motivation de briller est d'autant plus forte.

Le coach interpelle un garçon :

« Connais-tu cette fille ?

— Oui, Monsieur, c'est la fille de la boulangère. Sa mère est assise là-bas.

— Demande-lui de venir me voir, s'il te plaît. »

En héros, le gamin, qui saisit l'importance de la situation, se met à courir en direction de ma mère.

« Madame, Madame, le monsieur là-bas veut vous voir !

— S'il a envie de me parler, il n'a qu'à se déplacer, moi je ne bouge pas. »

C'est bien ma mère ! L'entraîneur s'approche d'elle.

« Bonjour Madame, je vous reconnais. C'est votre fille ?

— Oui, c'est ma fille.

— C'est pour elle que vous êtes venue nous voir ?

— Oui.

— Mais vous ne nous avez pas dit qu'elle jouait au foot comme ça !

— Je n'ai cessé de vous le répéter, Monsieur, mais vous n'avez jamais voulu m'écouter parce que c'est une fille.

— Très bien. Je l'attends demain soir à l'entraînement. »

Je les observe du coin de l'œil. À présent, j'ai hâte que le match se termine pour en savoir plus. Au coup de sifflet final, je me précipite vers ma mère.

« Il t'a dit quoi, l'entraîneur ? Il t'a dit quoi ?

— Il t'attend demain soir à l'entraînement. Tu es acceptée au club. »

La délivrance ! Je me mets à bondir, à hurler :

« Je suis prise ! je suis prise ! »

La joie que j'éprouve à cet instant précis n'est pas descriptible. Elle me prend le ventre, la tête, le corps. Je cours à toute vitesse autour du parc, les bras à l'horizontal, en faisant l'avion. Je crois percevoir la même joie dans le regard de ma mère. Elle savoure notre victoire.

Je ne tiens plus en place. À peine arrivée à la maison, je la traîne dans un magasin de sport.

« Il me faut un short, des protège-tibias, des crampons… »

Nous passons d'un rayon à l'autre, choisissons ce qu'il y a de mieux. Je sens ma mère aussi excitée et heureuse que moi. Elle achète sans compter, puis nous rentrons à la maison pour annoncer la nouvelle à mes frères. Ils restent médusés dans un premier temps, puis Karim prend la parole :

« Bravo ! Si tu entres dans une structure, si tu es encadrée, alors je n'ai plus à m'inquiéter pour toi. Tu pourras jouer en toute sécurité. »

Toujours cette satanée inquiétude… Je sais qu'ils ne me prennent toujours pas au sérieux. Je lis dans leurs pensées : elle va faire joujou un temps jusqu'à ce que cette lubie lui passe. Qu'ils le pensent ! Moi, je suis certaine que c'est le début d'une grande aventure.

La soirée se déroule dans une ambiance joyeuse et apaisée. La conversation tourne essentiellement autour de cet événement. Mes frères semblent curieux d'en savoir davantage sur ce club et sur la façon dont les entraînements se dérouleront. Je ne peux leur répondre car moi aussi je plonge dans l'inconnu.

J'ai du mal à trouver le sommeil, la nuit me paraît interminable. Mon bonheur est tel que je ne me pose même pas la question de savoir comment je serai accueillie dans une équipe exclusivement masculine. Je vais jouer dans un club et c'est tout ce qui m'importe.

Mon premier club

Le lendemain, à l'école, je n'écoute rien, incapable de me concentrer. Je trépigne sur ma chaise en attendant la fin de la journée.

À 16 h 30, la cloche sonne, je remballe mes affaires en les jetant dans mon cartable et cours de l'école jusqu'au stade sans m'arrêter. Je sprinte à en perdre haleine. J'arrive enfin près du terrain. La première chose que je remarque est sa couleur rouge vif. J'aperçois l'entraîneur entouré d'un groupe de garçons prêts à débuter l'échauffement.

Je m'avance vers eux d'un pas déterminé. Tous les yeux se tournent vers moi. Des regards interrogateurs qui semblent dire : « Qu'est-ce que cette fille vient faire parmi nous ? »

« Je vous présente Kheira, annonce le coach. Elle vient d'intégrer le club et jouera dans l'équipe. »

Aucune réaction. Les joueurs restent bouche bée et me scrutent des pieds à la tête. J'entends leurs chuchotements et leurs rires étouffés. Cela m'est totalement égal. Je ne me laisse pas intimider, je n'ai pas peur, je veux juste leur montrer deux choses : je sais jouer au foot et je suis meilleure qu'eux.

Le coach siffle pour nous inviter à courir autour du terrain, puis nous passons aux exercices. J'ai une telle dose d'endorphines dans le corps que je ne ressens ni la fatigue, ni la douleur. Il pourrait me demander de courir jusqu'au lendemain matin.

J'oublierais presque que personne ne m'adresse la parole.

L'entraîneur organise ensuite un match amical entre nous. Il constitue deux équipes, nous positionne. Je suis milieu de terrain, encerclée de tous. C'est parti !

Les garçons ne me font pas de cadeau, ils me taclent, me poussent. Je tombe, me relève, j'encaisse les coups sans broncher. Ils ne me passent jamais le ballon. Pas grave ! Je persévère. Je me bats, me surpasse pour prouver encore une fois que mon statut de fille n'est pas un handicap. Toutes griffes dehors, je guette le moindre moment de faiblesse pour bondir. Soudain, je le vois. Mon adversaire s'apprête à faire une passe et ne prend pas garde à protéger le ballon entre ses jambes. En une fraction de seconde, j'attaque : mon pied s'élance entre les siens et la balle change de camp.

Le bizutage ne dure pas très longtemps. Quand mes coéquipiers comprennent que je ne suis pas là pour m'amuser et que je sais jouer, ils s'inclinent. Nous nous quittons timidement le premier jour. Rien qu'un signe de la tête. Ils se demandent sans doute si je reviendrai bousculer leur petit monde d'hommes. Au bout d'une semaine, je fais partie des leurs. L'entraîneur ne fait aucun commentaire. Il ne se mêle jamais de nos histoires personnelles, dès lors qu'elles n'impactent pas la bonne marche du groupe.

Mon chemin de croix n'est pas terminé. Je dois à présent affronter les équipes adverses – toutes masculines – lors des matchs officiels. Je me retrouve toujours confrontée aux mêmes réactions : l'étonnement et les moqueries. Les parents, alignés sur le bord du terrain, me regardent avec curiosité. Je perçois quelques regards attendris sur le visage de certains, d'autres sont dans l'attente de me voir jouer. Tous ont les yeux rivés sur moi, je deviens l'attraction du match. Qu'a-t-elle dans le ventre, la Kheira ?

Lors de la première rencontre, mes adversaires ne daignent même pas me serrer la main. Chacun y va de son commentaire, suffisamment fort pour qu'il arrive jusqu'à moi : « Qu'est-ce qu'elle fout là ? Elle ne va quand même pas jouer avec nous ! »

À force de l'entendre, cette réflexion m'est devenue familière. J'encaisse, j'attends mon heure. Mes coéquipiers me soutiennent. Ils ont toujours un sourire en coin, comme s'ils avaient préparé un piège et attendaient patiemment que l'ennemi tombe dedans. Ils savent que nos adversaires me sous-estimeront et se feront avoir.

« Vas-y Kheira, montre-leur qui tu es ! »

L'arbitre siffle le début de la première mi-temps. Je me fais chahuter, parfois violemment. Ils ne m'épargnent pas. Je veux jouer dans la cour des mecs, alors ils vont me traiter comme un mec. J'accepte les règles. Je suis milieu offensive, numéro 10, donc buteuse. Je les dribble, je marque, je me défonce comme à chaque match. Je perçois leur énervement, ils sont vexés de se laisser dominer par une fille. Ils s'acharnent, mais je ne lâche rien. Au coup de sifflet final, tous se rendent à l'évidence. Cette fois, ils me tapent dans la main. Encore gagné ! La même rengaine durera des années et à chaque match. Subir les sarcasmes et redoubler d'efforts pour me faire accepter.

Je m'entraîne quatre soirs en semaine après l'école. Le week-end, nous nous déplaçons pour disputer des matchs. Avec son break, ma mère fait office de chauffeur. Elle sillonne la ville pour aller chercher mes coéquipiers chez eux et les transporter au stade. Rien ne peut lui faire rater un match, elle me suit partout et me soutient inconditionnellement.

Je ne bénéficie d'aucun traitement de faveur, sauf que je ne partage pas le même vestiaire que les garçons. Le coach agit avec moi comme avec les autres joueurs. Lorsqu'il assiste à des comportements un peu brutaux à mon égard – compétition oblige –, il ne réagit pas, au contraire.

« Oubliez que c'est une fille, ne l'épargnez pas ! »

Ça me convient.

Le directeur du club passe nous voir de temps en temps. Un jour, alors que nous nous entraînons, je l'entends dire à mon coach : « Cette petite, elle ira loin. »

Il faut dire que je suis très agressive sur le terrain. Comme je déteste perdre, je ne lâche rien, aidée par mon physique imposant. Je cours, j'attaque et je défends en même temps. J'ai une bonne vision du jeu et surtout, je marque des buts. Ces qualités physiques font de moi une joueuse qu'on remarque. Au-delà de ça, j'ai un mental d'acier. Je ne me laisse jamais abattre ni déstabiliser.

Je me suis toujours fait la promesse qu'un jour je deviendrais joueuse professionnelle, une championne. J'y crois dur comme fer. J'ai confiance en moi. Malgré tous les obstacles qui se dressent sur mon chemin, je sais que j'y arriverai. Je montrerai à tous ceux qui doutent de moi que je suis la meilleure.

Je reste quatre ans dans ce club, puis à treize ans, les dirigeants m'annoncent que je ne peux plus jouer avec les garçons, je dois intégrer une équipe féminine. À cet âge-là, on ne mélange plus les deux sexes. Je ne comprends pas le sens de ce règlement. Quand j'essaye d'obtenir une réponse, on m'explique que j'entre dans une période délicate, l'adolescence, durant laquelle je vais me développer physiquement. Il est donc délicat de rester en contact « rapproché » avec les garçons. Je ne comprends toujours pas. Et alors ? Où est le problème ? Je n'aurai pas d'autre explication que celle-là. Je me plie donc à leur décision sans chercher à en savoir plus.

Le club se situe un peu plus loin dans la ville. Ma mère fait une demande de dérogation pour changer de collège afin de m'en rapprocher. La perspective de jouer avec des filles ne m'enchante pas. Je pressens que je ne m'épanouirai pas, mais je n'ai pas le choix. J'accepte ou je retourne à la case départ. La semaine suivante, je me rends au stade pour l'entraînement. Au premier coup d'œil, mes appréhensions se confirment. Les joueuses ont entre vingt et vingt-cinq ans, certaines sont mères de famille. Leurs préoccupations sont forcément différentes des miennes, leur motivation aussi. Pour elles, le foot reste un loisir, une façon de se dépenser, moi je joue mon avenir, ma vie ! Toute mon enfance, j'ai eu le sentiment d'être la seule fille à m'intéresser au foot et, étrangement, le jour où je découvre que non, je m'aperçois que je ne me retrouve pas en elles. Ce ne sont pas des alter ego. La déception est d'autant plus forte.

Mon nouveau coach me présente. Là encore, je passe pour un ovni. Dorénavant, on ne me dévisage plus parce que je suis une fille, mais parce que je suis une gamine. Quel que soit l'endroit où je joue, je suis toujours différente des autres…

Comme avec l'équipe masculine, je m'entraîne quatre fois en semaine. Le week-end, je dispute des matchs. Je m'ennuie, je suis malheureuse. J'ai peur de régresser car le rythme est différent et le niveau, extrêmement faible. J'ai l'impression de jouer au ralenti. Je ne suis pas à ma place. Il m'arrive même de louper des séances d'entraînement, parfois des matchs. Tant qu'à faire, autant jouer avec mes potes dans la rue ; ce que je fais. C'est là que je retrouve cette rage de gagner.

Le premier pas

La Ligue Nord-Pas-de-Calais organise régulièrement des tournois départementaux. Nous sommes en 2003, le football féminin demeure très confidentiel. Il n'y a donc pas foule dans les stades.

Des mères qui regardent distraitement en faisant leur liste de courses, quelques amies venues supporter, de rares hommes. C'est comme s'il n'y avait pas d'enjeu.

Toutefois, la Ligue sélectionne une vingtaine de joueuses – dont je fais toujours partie – sur cinquante pour disputer ces matchs. Nous savons que les recruteurs du prestigieux centre technique de Clairefontaine sont présents pour nous observer. Ils proposent ensuite aux meilleures d'entre nous d'évaluer leur niveau lors d'un stage de quatre jours où nous passons des tests : jonglage, endurance, technique…

À la suite d'un match départemental, ma mère reçoit une convocation de la Ligue Nord-Pas-de-Calais à laquelle mon club appartient. Je suis invitée à Clairefontaine. On pourrait croire que j'allais être euphorique ce jour-là. Pourtant, j'accueille la nouvelle avec une joie mesurée car je sais que ce stage ne m'ouvrira pas les portes de Clairefontaine.

Les centres de formation ont pour objectif de former des footballeurs professionnels. Pour les garçons, les chances de devenir pro sont minimes, en raison du nombre important de prétendants. La concurrence est très rude, le niveau d'exigence, très élevé. Beaucoup d'appelés, peu d'élus.

Les filles, en revanche, beaucoup moins nombreuses, ont la quasi-certitude d'intégrer un club pro. Mais la difficulté majeure sera d'entrer à

Clairefontaine, alors que c'est principalement de ce centre que viennent les joueuses de l'équipe de France. Les critères d'admission sont draconiens. Avant de s'intéresser à nos qualités footballistiques, le directeur et les coachs consultent notre dossier scolaire – notes et comportement – qui doit être irréprochable. En effet, ils considèrent qu'en cas d'échec dans le foot, nous devons avoir le niveau pour poursuivre nos études et trouver un emploi. Ils sont intransigeants sur cet aspect, c'est pourquoi les journées se déroulent en trois temps : le collège et le lycée le matin, le sport l'après-midi et l'étude le soir. Cette formation dure trois ans.

J'ai la certitude que je ne serai jamais acceptée, en raison de mes résultats scolaires médiocres. J'en ai la confirmation lorsqu'une joueuse, passée par Clairefontaine quelques années auparavant, m'explique que le centre préfère recruter un joueur ou une joueuse moins douée sportivement, mais avec de bons résultats. Je n'ai donc aucune raison d'espérer. Pourtant, quand je m'imagine derrière un bureau, comptable ou secrétaire, je me dis que ça non plus, ça ne pourra jamais arriver !

L'heure du départ approche. Je réunis quelques affaires dans un sac puis rejoins ma mère dans la voiture. C'est elle qui m'accompagne. Nous faisons un petit crochet chez Gwendoline Rossi qui vit à Lens. Je l'ai rencontrée lors des matchs de Ligue Nord-Pas-de-Calais. Elle joue à Hénin-Beaumont.

Nous nous sommes très bien entendues. C'est une fille drôle et sympathique. Elle a le cœur sur la main, toujours prête à aider si elle en a la possibilité. Nous partageons la même passion du foot, et elle comme moi nourrissons la même ambition : réussir coûte que coûte.

Elle aussi est convoquée.

Le trajet me semble interminable entre Roubaix et Rambouillet. Nous restons silencieuses et concentrées. La voiture s'engage dans la forêt, j'aperçois un panneau : Centre national du football. Mon ventre se noue subitement. Je réalise que je marche sur les pas des champions du monde de 1998. Les images de la victoire me reviennent en mémoire. La liesse populaire, *Zidane* inscrit en lettres d'or sur l'Arc de triomphe, mais surtout, la haie d'honneur du public le long de cette forêt dans laquelle nous nous enfonçons. Nous ne sommes plus qu'à quelques mètres lorsque nous apercevons la grille. Elle est si imposante ! De l'extérieur, le temple du football ressemble à un bunker. Un gardien s'approche de nous, vérifie notre identité ainsi que la convocation, puis demande à ma mère d'ouvrir le coffre de sa voiture. Le contrôle terminé, nous sommes autorisées à entrer. Nous nous engageons sur un chemin bordé d'arbres au bout duquel se trouve un parking. Nous nous garons puis terminons à pied. J'aperçois le château. Cette majestueuse bâtisse siège au cœur d'un écrin de verdure. Le symbole de l'équipe de France. C'est la résidence où les joueurs vivent lorsqu'ils sont appelés pour les rassemblements d'avant-match ou compétitions internationales. L'accès en est, hélas, interdit.

Au détour du chemin, sur notre gauche, trône une gigantesque Coupe du monde en or près d'une étoile – en honneur de la victoire de 1998. Je me fige. J'ai l'impression d'être téléportée sur une autre planète. Je touche du doigt ce dont j'ai toujours rêvé. Je ne sais plus où donner de la tête. Des terrains de foot à la pelouse parfaitement tondue s'étendent sur toute la superficie du centre. J'aperçois des bâtiments alignés les uns à côté des autres, je suppose qu'il s'agit des hébergements des stagiaires, des éducateurs et des entraîneurs. Un peu plus loin, une cafétéria et une salle de jeux. À droite, un panneau où est inscrit : *Salle de presse – Auditorium.* C'est ici que les joueurs se présentent devant les journalistes à la veille d'un match. Un peu plus bas, en lisière de forêt, je reconnais le terrain de foot réservé exclusivement à l'équipe de France. Aucune autre équipe n'est autorisée à y jouer. Je me prends à rêver… Un jour, moi aussi je serai une internationale française et j'aurai accès à cette pelouse. Je m'imagine descendre ces escaliers, accompagnée de mes coéquipières, face à une horde de journalistes. Je me fais la promesse que j'endosserai le maillot des Bleues.

Ma mère me tire de mes pensées :

« Dépêche-toi, Kheira ! tu vas être en retard ! »

Je plante deux baisers sur ses joues puis rejoins le groupe de stagiaires. Ma mère laisse son lionceau s'élancer. Quatre entraîneurs nous accueillent : trois hommes et une femme. Parmi eux, Stéphane Pilard, le sélectionneur de l'équipe de France des U19 – les moins de dix-neuf ans –, est présent pour détecter de futures pépites. Après quelques mots de bienvenue, l'un d'entre eux nous explique le déroulement du stage. Réveil à 8 h suivi du petit-déjeuner. À 9 h 30, échauffement puis évaluation des différentes techniques footballistiques – dribbles, jonglages, tirs… Nous déjeunons à midi, temps calme jusqu'à 14 h. L'après-midi, nous enchaînons une séance en salle, un entraînement puis un match. Le dîner est prévu à 19 h 30, le coucher, 22 h 30. Nos journées sont millimétrées, on se croirait à l'armée. Nous sommes ensuite conduites dans les résidences où nous serons hébergées. Les chambres sont composées de deux ou trois lits, une salle de bains, un petit bureau et une grande armoire. Elles sont simples, mais fonctionnelles. Je partage la mienne avec Gwendoline. Les coachs nous laissent une petite heure pour nous installer. Nous nous partageons un côté de l'armoire pour y ranger nos vêtements. Je m'empresse de terminer car je n'ai qu'une hâte, jouer. J'enfile ma tenue de foot et, sans attendre ma coéquipière, je sors de la chambre.

Le rendez-vous est fixé sur l'un des terrains pour commencer l'échauffement. Les activités s'enchaînent à un rythme soutenu. Nous passons à tour de rôle devant les quatre coachs. Je fais de mon mieux tout en ayant conscience que l'issue sera négative pour moi. C'est fou comme j'oscille entre des moments où j'y crois et d'autres où je me résous à l'échec. Mais quoi qu'il arrive, je donne le meilleur de moi-même. Je suis perfectionniste. Je prends conscience que les filles ont un bon niveau. Je suis loin de mon club d'amatrices. Là, j'ai affaire à des joueuses qui en veulent et qui savent jouer.

Les jours passent et se ressemblent. Le soir, Gwendoline et moi nous asseyons sur nos lits en nous demandant qui est passé par là avant nous.

« Je sais que Nicolas Anelka a commencé sa carrière ici.

— Pas mal, me répond Gwendoline. Mais j'ai mieux ! Thierry Henry, de 1991 à 1993 !

— Woaw ! Thierry Henry ? Il a intérêt à nous porter chance ! » dis-je en serrant les draps.

Gwendoline sourit et ajoute :

« Bonne nuit, Kheira. Peut-être qu'un jour, une jeune joueuse dira à son tour : *tu te rends compte ? Kheira Hamraoui a fait ses débuts ici !* »

Et puis le dernier jour arrive. Nous sommes convoquées chacune notre tour dans une salle face à un jury composé des quatre entraîneurs – les mêmes qui nous avaient accueillies à l'arrivée – et du directeur du centre. L'heure de vérité approche. Cette réunion ressemble à un conseil de classe, sauf qu'il s'agit là de nous accepter ou pas pour la formation de trois ans. Mes coéquipières et moi sommes assises dans une petite pièce en attendant d'être appelées. La plupart d'entre elles sont anxieuses et redoutent le verdict. Je me dis que leurs craintes sont à la hauteur de leur espoir d'être retenues. Moi, je suis détendue, mon sort est déjà scellé.

« Kheira Hamraoui, c'est à vous ! »

Je me lève tranquillement et pénètre dans la salle. Les coachs, assis autour d'une table ronde, m'invitent à prendre place près d'eux. Tous les regards sont braqués sur moi. Le directeur du centre de formation s'adresse à moi :

« Au terme de ce stage, nous devons prendre une décision concernant chacune d'entre vous. Comme vous le savez, l'entrée à Clairefontaine nécessite de répondre à plusieurs critères. C'est un centre d'élite qui prône l'excellence.

— Oui, je sais.

— Tout d'abord, pourquoi souhaitez-vous intégrer le centre technique ?

— Parce que je sais que je pourrai y progresser et, surtout, me donner toutes les chances de devenir pro et d'intégrer un club. »

Ma réponse ne semble pas le convaincre. À vrai dire, je ne suis pas convaincante et ne fais rien pour l'être. Mais il me questionne à nouveau. J'ai le sentiment de me retrouver à un entretien d'embauche. Après tout, c'est la réalité. Au terme de ce conseil, nous serons soit recrutées soit éliminées.

« Quelles sont vos ambitions ? »

Cette question suscite chez moi davantage d'intérêt.

« Je veux devenir footballeuse professionnelle. Je n'envisage pas de faire autre chose de ma vie. C'est la seule chose qui compte pour moi. Je sais que les chances d'y arriver sans passer par le centre technique sont minimes, mais ici ou ailleurs, je sais que je réaliserai ce rêve. »

Clamer qu'avec ou sans eux je continuerai ? Ça y est, je viens de griller toutes mes chances… Je poursuis ma plaidoirie sans que personne m'interrompe. Mes arguments s'enchaînent naturellement. Sans m'en rendre compte, je réponds à la première et à la seconde question en même temps. Tous m'écoutent attentivement, la ferveur et la conviction que je mets dans chacune de mes phrases semblent les interpeller. Je perçois des échanges de regards, des notes prises sur des feuilles blanches. Que pensent-ils de moi ? Pauvre fille, elle est douée et motivée, hélas, elle n'entre pas dans nos critères de sélection.

L'interrogatoire dure environ quinze minutes, puis le directeur saisit mes bulletins, les tourne, les retourne, s'arrête sur les commentaires de mes professeurs. Le couperet tombe :

« Ce n'est pas possible ! Vos résultats sont trop moyens. Comme vous le savez, nous sommes intraitables sur la scolarité. Comment expliquez-vous ce bulletin ? »

Je n'ai plus rien à perdre. Alors, à quoi bon mentir ?

« Je suis consciente que la scolarité est très importante, mais je n'y peux rien, je ne vis que pour le football.

— Mais enfin, ce n'est pas normal de négliger à ce point les études ! insiste le directeur.

— Je suis prête à faire des efforts, mais quoi qu'il en soit, je veux devenir footballeuse.

— Je vous remercie, mademoiselle, me dit-il en se levant pour signifier la fin de la réunion. »

Je suis déjà ailleurs et réfléchis à un plan B pour intégrer un club pro. À cet instant précis, je ne vois aucune solution. Mon avenir semble bien compromis.

Je les salue poliment et, très calmement, sors de la pièce. Je retourne dans ma chambre. Gwendoline m'attend. Le sourire qui s'affiche sur son visage est éloquent.

« J'y crois à fond ! me dit-elle. Ça s'est super bien passé ! Et toi ?

— C'est mort à cause de mes résultats. Ce n'est pas une surprise.

— Désolée, Kheira, je ne pensais pas que…

— T'inquiète, j'y arriverai autrement. »

Je m'empare de mes affaires que je jette en boule dans mon sac. Le départ est prévu pour le lendemain matin.

Ma mère nous attend sur le parking. Je lui raconte brièvement la décision des coachs et les propos du directeur. Elle n'est ni surprise, ni déçue. Elle s'y attendait.

Avant de partir, je me retourne une dernière fois vers ce rêve qui s'éloigne. Je balaye du regard le château et la Coupe du monde, je m'en imprègne. Quoi qu'il advienne de mon avenir, je pourrai dire : « J'y étais. »

Nous roulons vers Roubaix.

Ma vie reprend son cours. Le collège, le club et les parties de foot avec les gars du quartier. Clairefontaine et sa coupe en or s'éloignent, comme une parenthèse irréelle, un mirage, à tel point que je n'en parle à personne.

Un soir, vers 19 h, alors que je suis en train de faire mes devoirs dans le salon, le téléphone sonne. Ma mère décroche. Le ton de sa voix est bizarre, je ne parviens pas à identifier l'interlocutrice à l'autre bout du fil. Je l'observe, puis au bout de quelques secondes, son visage s'illumine.

« Merci ! Merci ! Je ne sais comment vous remercier ! Merci Madame ! »

Qui remercie-t-elle avec autant d'insistance ? Je m'approche pour écouter la conversation. Ses réponses me laissent deviner qu'un miracle est en train de se produire. Je n'ose pas y croire. Je reconnais pourtant la voix de la coach de Clairefontaine.

« Kheira a obtenu trois voix défavorables contre une, la mienne. En raison de ses résultats scolaires, ni les entraîneurs, ni le directeur n'ont souhaité donner suite, cependant je me suis battue pour les faire changer d'avis. Je suis consciente de prendre un risque mais je leur ai demandé de me faire confiance. Je crois en votre fille et je suis convaincue qu'ensemble, nous relèverons ce défi. Kheira est donc admise au centre technique de Clairefontaine pour une formation de trois ans. Félicitations ! »

Je n'ai pas le temps d'exprimer ma joie que ma mère se tourne vers moi avec un regard noir.

« Alors toi, écoute-moi bien ! Je te préviens, tu n'as pas intérêt à déconner ni à faire un faux pas ! Si on m'appelle une fois pour me dire que tu te comportes mal, c'est moi qui viendrai te chercher et je te sortirai de là-bas comme tu es entrée. C'est bien compris, Kheira ? »

Je ne réagis pas aux avertissements de ma mère, je ne les entends même pas. Je me jette dans ses bras en hurlant de joie. Pieds nus, je cours dans la rue. Je veux que tout le monde partage mon bonheur. Je pénètre dans l'immeuble où vivent mes voisines, grimpe les escaliers quatre à quatre et tambourine à leur porte.

« Je pars à Clairefontaine ! Je vous quitte ! »

Sans leur laisser le temps de réagir, je dévale les marches, me rue vers le terrain de foot où mes potes sont en train de jouer. J'interromps leur partie pour annoncer la nouvelle :

« Je pars à Clairefontaine ! Je suis admise ! Je vais devenir footballeuse ! Je pars ! »

Je reprends ma course sans même attendre une réaction. Toutes ces années de batailles ont porté leurs fruits.

Sur le chemin du retour, je pense à cette coach qui, certainement, deviendra celle grâce à qui je réussirai. Elle s'est battue, seule contre tous, et a fait prévaloir sa voix. Qu'a-t-elle donc détecté chez moi pour prendre le risque de s'opposer à ses collègues masculins et au directeur ? À cet instant, je me fais la promesse d'être digne de sa confiance.

Que les jours me paraissent longs ! Les mois, les heures, les minutes s'étirent. Plus rien ne m'intéresse, ni mes potes, ni même les matchs. Je suis focalisée sur la perspective du départ. Nous sommes fin juillet. Plus qu'un mois, plus que trois semaines, deux semaines, trois jours, deux jours…

L'heure du départ a enfin sonné. Ma mère m'aide à ranger mes vêtements dans la valise. Elle reste silencieuse. Sa peine est perceptible. Je sais qu'elle souffre de voir sa petite fille partir. Je n'ai que quatorze ans… Mes frères sont également présents. Ils plaisantent avec moi pour détendre l'ambiance. Quant à moi, j'ai l'impression d'être coupée de mes émotions. Je ne ressens rien si ce n'est l'impatience de commencer ma formation. Est-ce que je refoule l'idée de la séparation avec ma famille ou tout simplement le bonheur d'être intégrée à Clairefontaine est-il plus fort que tout ? Je ne sais pas.

« Maman, il est l'heure, on s'en va ? »

Chacun leur tour, mes frères m'embrassent affectueusement et me souhaitent bonne chance.

« Tiens-toi à carreaux là-bas », me prévient l'un d'eux, avec un petit sourire en coin.

Je sors de la maison sans me retourner et m'engouffre à l'avant de la voiture. C'est parti pour la grande aventure !

Clairefontaine

Trois heures de route durant lesquelles nous discutons, ma mère et moi. J'ai à nouveau droit à des avertissements de sa part, mais le cœur n'y est pas, je le sens bien. Je fais comme si je ne remarquais rien.

Nous arrivons devant la grille du centre technique avec toujours le même rituel de contrôle. Des grappes de jeunes patientent à l'entrée. Cette fois, les parents sont autorisés à visiter les infrastructures.

Je retrouve Gwendoline qui elle aussi a été admise. Nous partagerons la même chambre. Après la visite, il est temps de se quitter. Je raccompagne ma mère jusqu'à sa voiture. Elle me serre fort dans ses bras.

« Bonne chance, ma fille ! Prends soin de toi et appelle-moi dès que tu le pourras !

— Oui, maman, ne t'inquiète pas. De toute façon, on se retrouve dans cinq jours, n'oublie pas que j'ai des permissions tous les week-ends ! »

Ma mère ne laisse rien paraître de sa peine. Plus tard, elle m'avouera que ce fut pour elle un véritable déchirement. En rentrant à la maison, elle est passée devant le terre-plein où je jouais quand j'étais enfant, et son cœur s'est noué. Les larmes ont coulé. Je laissais un grand vide. J'étais certes insupportable, mais je mettais quand même une sacrée animation dans la famille !

Les éducateurs nous invitent à les suivre dans une grande salle où, chacune notre tour, nous nous présentons. Gwendoline et moi ne nous quittons pas d'une semelle. J'observe les filles qui partageront avec moi ces trois années. Elles semblent motivées et heureuses d'être là. Nous sommes loin du club féminin où je mourais d'ennui ! Nous nous dirigeons par la suite vers les résidences. Je me sens déjà comme chez moi. Dans notre chambre, deux lits, une armoire, un grand bureau et un balcon commun avec celle d'à côté. L'ambiance est joyeuse. Nous faisons connaissance avec les filles de l'étage. Prises dans l'excitation du moment.

Mais le soir, au moment de m'endormir, un sentiment de tristesse m'envahit. Je pense à mes parents, à mes frères. Leurs câlins me manquent. Je comprends qu'à partir de maintenant, je devrai me débrouiller toute seule, faire face à l'adversité sans que quiconque veille à me défendre. On ne me fera pas de cadeaux. Je dois me soumettre à une discipline de fer, fondée essentiellement sur le respect et la politesse, accepter d'être contredite, remise à ma place, parfois publiquement. Je sais que les coachs nous éduqueront à la dure. Ils sont extrêmement exigeants. Moi qui boudais à la moindre réflexion, à partir de maintenant je dois encaisser les remarques et les ordres. Finis les caprices pour obtenir ce que je veux. La petite princesse doit laisser place à une femme que je ne connais pas encore. J'étouffe un sanglot sous mon oreiller.

Le lendemain, nous allons chercher nos équipements sportifs – survêtements, protège-tibias, baskets fournis par la Fédération française de football – mais avant même de parler foot, nous abordons le sujet prioritaire : la scolarité. La majorité des filles entre en seconde, nous sommes seulement deux à aller au collège, en troisième. Je me retrouve une fois encore noyée au milieu d'une classe masculine. Le scenario se répète : les regards interrogateurs, les réflexions déplacées, les moqueries. La première fois que ma coéquipière et moi prenons le bus pour nous rendre à l'école, les garçons refusent de nous laisser nous asseoir à côté d'eux. Nous faisons le voyage debout.

Je les observe… Ils ont l'air sûrs d'eux. Leur attitude à notre égard et leurs messes basses permanentes me laissent penser qu'il faudra encore me battre pour m'imposer et me faire respecter. Les premiers échanges entre nous sont timides puis tournent, comme je m'y attendais, à l'affrontement verbal.

« Pourquoi tu veux faire du foot ? Tu es une fille ! » me lance l'un d'eux.

Je dois encore et encore me justifier. J'étais pourtant certaine, en entrant à Clairefontaine, d'en avoir fini avec ce genre de remarques. Hélas non ! Je ne suis toujours pas légitime, parce que je suis une fille. Qu'à cela ne tienne, je vais reprendre les armes et me défendre comme je l'ai toujours fait. Ils verront de quel bois je me chauffe !

Un matin, je suis en train de jouer seule près de la pelouse quand je sens quelque chose me picoter les mollets. En me retournant, je reconnais Yassine, l'un de ces garçons qui m'importunaient. Grand, brun et tellement fin, il ressemble à un lézard. Il n'est pas le dernier à me charrier. Il me jette des cailloux pour me faire réagir. Pourquoi s'acharne-t-il sur moi ? Parce que je suis grande ? Qu'il me trouve arrogante ? Parce que j'ai l'air trop sûre de moi ? Je refuse de me laisser intimider et lui envoie une franche volée de cailloux. Si je dois me battre, je me battrai, si je dois me confronter à eux sur le terrain, j'irai. Mon côté garçon manqué sommeille toujours en moi, prêt à bondir à la moindre provocation.

Pourtant, depuis quelque temps, je me féminise. J'aime bien m'habiller, me parfumer. Je me surprends même à me regarder dans le miroir, ce que je n'avais jamais fait auparavant. Je suis devenue coquette. Je trouve révélateur de constater que le jour où on accepte enfin la place essentielle du foot dans ma vie de femme, ma féminité se libère aussi.

Les premières semaines, filles et garçons ne s'approchent pas. Nous nous toisons du regard, nous testons mutuellement. Yassine n'en finit pas avec ses réflexions :

« Il est trop moche, ton cartable ! Elles sont hideuses, tes baskets ! »

Continue mon coco, tu ne sais pas à qui tu as affaire. Ce garçon m'intrigue. Je sens bien que derrière son agressivité se cache quelqu'un de sensible et d'intelligent. Il ne sait pas s'y prendre, mais je sens que ses petites attaques sont des tentatives maladroites pour entrer en contact. Par la force des choses, nous sommes amenés à nous côtoyer, au réfectoire ou le soir après dîner. Nous nous retrouvons, lui avec son groupe de copains, moi avec mes copines. Les discussions s'enclenchent sur un mode plus amical et respectueux. Nous cherchons à connaître nos ambitions et nos parcours respectifs, partageons nos impressions sur ce premier mois à Clairefontaine. Yassine se tient debout, près de moi. Il participe activement à la conversation, puis, constatant que je suis silencieuse, se tourne vers moi.

« Tu viens d'où, toi ?

— Du nord de la France. De Roubaix, précisément. Et toi ?

— Je vis en banlieue parisienne.

— Tu as de la chance. Tu vas pouvoir rentrer tous les weekends chez toi ?

— Oui, probablement. »

Sans nous en rendre compte, nous quittons la discussion du groupe pour un échange plus intime. Nous nous découvrons, nous apprivoisons. Ses réflexions me confortent dans l'idée que ce garçon est différent des autres. Plus mature que ses camarades. J'aime discuter avec lui, il est très à l'écoute. Dès que nous en avons l'occasion, nous nous retrouvons pour discuter. Les soirs où la température est douce, nous nous baladons dans le centre, nous retrouvons au collège entre deux cours. Au fil du temps, notre lien se renforce. Notre complicité aussi. Yassine devient mon meilleur ami. Je me confie à lui, mais sans jamais lui montrer le moindre signe de faiblesse. Ni à lui, ni à personne d'ailleurs. Mes larmes, je les garde pour moi, le soir avant de m'endormir, quand le manque est trop fort, quand la solitude devient trop pesante. J'ai beau être occupée, vivre chaque jour de ma passion, le changement de vie est très violent.

Parfois, je suis contrainte de passer le week-end ici car je fais partie de l'équipe féminine de Clairefontaine qui dispute des matchs le samedi. Ces moments-là resteront les souvenirs les plus douloureux de cette période. Je regarde mes amis rejoindre leur famille et moi, je reste là. Une tristesse immense m'envahit. Un vendredi soir, son sac sur le dos, prêt à rentrer chez lui, Yassine me demande :

« Ça ne va pas, Kheira ?

— Comment veux-tu que j'aille bien ? C'est dur ! Moi aussi, j'aimerais partir.

— Je comprends », me répond mon ami, impuissant face à mon chagrin.

Je suis au bord des larmes, mais il est hors de question qu'il le sache. Je me reprends et lui tape sur l'épaule.

« Allez, t'inquiète, il y a pire dans la vie ! À dimanche soir ! Ciao ! »

Pendant ce temps, des liens commencent à se nouer entre les filles. Des affinités se créent. De temps en temps, le soir avant de nous coucher, j'invite mes nouvelles copines à venir dans notre chambre. J'ai acheté une boule à facettes que j'ai installée au plafond. Nous éteignons la lumière, mettons la musique à fond puis dansons et chantons à tue-tête. On se croirait dans une boîte de nuit.

Je prends mes marques peu à peu. Je ne suis toujours pas passionnée par les études, mais j'évite de me faire remarquer en cours. J'attends que les heures s'écoulent jusqu'aux entraînements. Je sens que je progresse, j'acquiers de la technique et de la maîtrise. Les garçons me mettent au défi de jouer avec eux, alors je participe à des mini-matchs. Ils sont surpris par ma rage de vaincre, ma ténacité et ma technique. Dès lors qu'ils comprennent que je sais jouer et que je ne les crains pas, ils m'acceptent. Toujours la même histoire !

Le 24 décembre, le centre nous a réservé une petite surprise. Le directeur, sans doute conscient de la difficulté d'être séparés de nos familles ce soir-là, a organisé un réveillon. L'heure est à la fête ! Nous nous réjouissons de manger enfin des plats interdits sans modération. Il est à présent l'heure de se préparer. J'ai laissé dans l'armoire une robe mauve que j'enfile devant le miroir. En prévision de cette soirée, je me suis offert avec mes économies un collier et des boucles d'oreilles assorties. Je passe ensuite au maquillage puis je lâche mes cheveux que je coiffe soigneusement. Je regarde la femme que je suis devenue et me souviens avec nostalgie de la petite fille en baskets et en survêtement. Cette petite fille pleine de rêves et de certitudes sur son avenir. Elle est si loin à présent…

L'arrivée d'un message sur mon téléphone me tire de mes rêveries. C'est Yassine : *Je suis en bas, je t'attends.*

Je le retrouve près du château. Il porte un costume noir, une chemise blanche et une cravate à fines rayures noires et roses. Nous nous regardons comme si nous nous rencontrions pour la première fois. Un peu émus, intimidés.

« Tu es super belle ! me dit-il.

— Toi, super élégant. On y va ? »

Un immense sapin de Noël nous accueille à l'entrée. La salle est joliment décorée. Nous apercevons le buffet, salé d'un côté et sucré de l'autre. Je salive déjà à la vue des bûches et autres mignardises disposées sur la table. Une sono est installée au fond de la pièce. Nous en déduisons qu'il s'agit probablement d'une soirée dansante. Quelques minutes plus tard, la musique démarre. Dès les premières notes, nous nous précipitons sur la piste que nous ne quitterons que pour dîner. L'ambiance est à la plaisanterie et à la légèreté. Le foot, la diététique, la récupération sont mis de côté, place à la fête. Nous dansons jusqu'à une heure avancée de la nuit car, exceptionnellement, les coachs nous offrent une matinée off. Ce soir, tout est permis.

Cette soirée de Noël restera l'un de mes meilleurs souvenirs.

Tous les week-ends, ou presque, je rentre chez moi. Je suis heureuse de retrouver mon cocon et les attentions de mes parents et de mes frères. Je redeviens la petite princesse, sauf que j'ai changé. Oubliés les caprices et les attitudes tyranniques. Je suis devenue plus posée. Mon caractère reste le même, mais je me suis polie et adoucie. Dès que ma famille apprend que je suis à la maison, tous débarquent pour me voir. Ils m'inondent de questions. Dans leur regard aussi, je perçois de la fierté. Mes tantes qui autrefois me critiquaient sont devenues mes premières supportrices. Et je ne parle même pas de ma grand-mère !

Le samedi, je dispute des matchs dans mon nouveau club. J'ai été obligée de signer dans un club pour justifier mon intégration à Clairefontaine. J'ai quitté l'équipe féminine pour jouer au Leers Omnisport, qui évolue en troisième division.

Les relations avec mes frères se sont détendues. Dès que je rentre chez moi le vendredi soir, ils me laissent une petite enveloppe avec un peu d'argent sous mon oreiller pour m'acheter des friandises ou m'offrir un petit cadeau. Et chaque dimanche soir, je refais mon sac et repars à Clairefontaine pour une nouvelle semaine.

L'année suivante, je suis admise en seconde. Les coachs refusent cependant de me laisser passer en section générale en raison de mes résultats moyens et m'orientent d'emblée en BEP de comptabilité. Je n'ai pas mon mot à dire. Les matières ne m'intéressent pas mais ici ou ailleurs, les études ne sont définitivement pas faites pour moi.

Mes coéquipières et moi formons un groupe très uni. La plupart d'entre elles n'ont pas percé dans le foot. Elles ont arrêté quatre ou cinq ans après Clairefontaine. À l'étage supérieur de notre bâtiment vivent les deuxièmes années, les « grandes » comme on les appelle. Nous avons interdiction de monter les voir. Parmi elles, Amandine Henry, Louisa Necib, Karima Benameur et Jessica Houara avec lesquelles j'ai noué des liens d'amitié. Elles m'aiment bien et, parfois, m'autorisent en cachette à monter les voir. Ces joueuses ont fait carrière dans de grandes équipes comme le Paris Saint-Germain ou l'Olympique Lyonnais. Nous ne nous sommes jamais quittées. Nous avons parfois même évolué dans les mêmes clubs.

Après le dîner, nous nous rendons dans la salle de télé pour regarder un film ou des matchs, puis vers 22 h, nous rejoignons les chambres et refaisons le monde, agglutinées à plusieurs sur les lits. Une demi-heure plus tard, un éducateur vient nous rappeler à l'ordre pour que nous réintégrions nos pénates. Extinction des feux à 22 h 30. La plupart du temps, nous sommes si fatiguées de nos journées que nous sombrons dans le sommeil. Parfois, nous n'en avons pas envie alors la révolte gronde. Mon naturel revient au galop dès qu'il s'agit de s'opposer aux règles. Je me souviens d'un soir où, pour rigoler, mes copines et moi avons pris un extincteur et aspergé le sol. Nous nous amusions ensuite à glisser. Dieu merci, nous ne nous sommes pas fait attraper. Lorsque je n'avais pas envie de dormir, j'installais des oreillers sous mes draps, le long de mon lit, puis je sortais discrètement de ma chambre pour aller discuter avec mes copines. La surveillante n'y voyait que du feu.

Un autre soir, lasses de dîner au réfectoire, nous avons eu l'idée de commander des kebabs dans un petit restaurant à Rambouillet. Il est strictement interdit de manger autre chose que ce qui nous est proposé. L'une des filles sort récupérer la nourriture et nous nous régalons toutes ensemble dans une chambre. Fières d'avoir une fois de plus échappé à la vigilance des pions, nous oublions un petit détail... L'odeur de la viande se répand dans les couloirs jusqu'à la chambre de la surveillante. Après avoir compris et vu de ses yeux le festin que nous avons organisé, elle s'empresse de prévenir la coach, celle qui m'a repêchée. Lorsque nous la voyons débouler, nous comprenons que la sanction sera rude, mais nous sommes loin d'imaginer ce qu'elle nous a préparé.

« Habillez-vous, je vous attends dans cinq minutes dans le hall ! »

Puis elle repart sans prendre la peine d'entrer dans les détails de la punition.

Il est 23 h, nous sommes en plein hiver, il fait nuit noire et surtout très froid. Nous craignons le pire. Dans un silence de mort, nous obéissons et la rejoignons au point de ralliement.

Son visage est fermé, le rictus qui déforme son visage n'augure rien de bon.

« Suivez-moi ! »

Nous sortons sans un mot. Je grelotte, des flocons de neige commencent à tomber, je n'ai qu'une envie : rentrer sous mes draps, au chaud. Nous marchons quelques minutes, puis quand nous arrivons devant le stade, elle nous ordonne de courir, le chronomètre à la main.

« Vous me faites le tour du stade à un rythme soutenu. Je ne vous conseille pas de vous arrêter ni de ralentir. »

Nous vivons un véritable cauchemar. Un tour, deux tours, trois tours, nous n'en voyons plus la fin. Je commence à fatiguer sérieusement. Après une bonne demi-heure de course, elle siffle la fin du calvaire.

« J'espère que cela vous servira de leçon à l'avenir. Maintenant, vous pouvez rentrer dans vos chambres, je ne veux pas vous entendre ! »

Au moment où je m'apprête à partir, je l'entends m'appeler :

« Kheira, tu n'as pas couru à allure égale. Tu recommences demain soir !

— Coach, vous ne pouvez pas me faire ça ! je l'implore.

— Tu ne discutes pas ! »

Puis elle poursuit :

« Sache que je regrette vraiment d'avoir pris le pari de te choisir. J'aurais dû écouter mes collègues… Rentre dans ta chambre, maintenant, et on se retrouve demain soir à la même heure, au même endroit. »

Le lendemain, la tête rentrée dans les épaules, j'ai couru à nouveau dans le froid et la nuit.

Malgré ce genre d'événements, côté foot, tout se passe bien pour moi. L'année suivante, je passe du club de Leers – troisième division – au FC Hénin-Beaumont qui évolue en première division. À Clairefontaine, mes coachs sont satisfaits. À la suite d'une évaluation, ils ont identifié mes points forts : ma vision du jeu, mon agressivité sur le terrain, la justesse de mes passes et de mes tirs ainsi que mon aisance technique, ce qui est rare pour une joueuse de ma taille.

La dernière année de formation se déroule tout aussi bien. Je réussis même à décrocher mon BEP de comptabilité.

Je n'ai pas vu passer ces trois ans. Ils ont défilé à une allure vertigineuse. Trois ans de vie qui nous ont tous soudés. En dehors de mes copines, j'ai également ma bande de potes que je ne quitte plus : Willy Boly, Sébastien Besnier, Julien Bermudez et Loïc Damour. Yassine et moi sommes devenus inséparables. Un dimanche après-midi, l'entraînement terminé, nous nous retrouvons tous les deux sur la pelouse. Je me souviens d'une chaleur étouffante. Le soleil tape encore fort en cette fin de journée. Nous nous asseyons à l'ombre d'un arbre.

« C'est bientôt la fin…, me dit Yassine.

— Arrête ! Ça m'angoisse trop !

— Moi aussi. Mais je repars en ayant gagné une super amie !

— C'était mal parti, pourtant, lui dis-je en souriant. Tu ne m'as pas épargnée au début ! »

Nous savons que la séparation sera douloureuse. Nous vivons loin l'un de l'autre, mais nous savons que notre lien est inébranlable. Idem pour mes coéquipières que je considère comme de vraies amies. Nous nous promettons de ne jamais nous quitter quels que soient les endroits où le football nous mènera. À présent, nous formons une famille. Mes états d'âme ont disparu. J'ai mûri et me sens aujourd'hui capable de vivre seule et de voler de mes propres ailes.

Le compte à rebours commence, c'est bientôt la fin de cette belle et grande aventure. Nous redoutons les adieux. Pour l'occasion, le centre a organisé une fête. Les filles avec les filles, les garçons avec les garçons. Il est 18 h. À l'étage des chambres, l'ambiance est mitigée. Nous sommes à la fois excitées par cette soirée et tristes de passer notre dernière nuit ici. Nous nous remémorons déjà les bons moments, les parties de rigolade, les punitions. Nous nous préparons ensemble, échangeons nos maquillages tout en commentant nos tenues respectives. Je laisse mon survêtement de côté pour revêtir un pantalon noir et une chemise blanche. Élégante mais pas trop.

Nous nous dirigeons vers la grande salle où se déroule la fête. Nous entendons au loin la musique. Plusieurs tréteaux sont installés de chaque côté de la pièce. Les boissons à droite et le buffet à gauche. J'aperçois les coachs et le directeur du centre.

Emportés par l'ambiance, nous oublions que nous passons notre dernière soirée ensemble. Entre deux verres de Coca, nous revenons inévitablement sur les souvenirs marquants de ces trois années. Il est 2 h du matin, il est temps d'aller nous coucher. La fatigue commence à se faire sentir, nous nous quittons avec regrets puis regagnons nos chambres. Impossible de dormir ! Je passe d'une chambre à l'autre. Ce soir tout est permis… même le kebab ! Je finis par m'endormir au petit matin.

Le réveil est difficile. À l'étage, l'agitation est perceptible. J'entends les portes claquer, les valises rouler dans le couloir… Je reste quelques minutes dans mon lit. Ça y est, cette fois, c'est vraiment fini. Je me lève, me prépare comme un automate. À chaque geste que je fais, je me dis que c'est la dernière fois. Gwendoline m'attend sur le pas de la porte.

« Allez, Kheira, faut y aller maintenant ! »

Nous regardons notre chambre une dernière fois et sortons.

Nous rejoignons notre groupe, rassemblé sur la pelouse. L'heure est aux adieux. Je regarde autour de moi, nous sommes tous dans le même état. Ma coach a les yeux embués.

« Au revoir, Kheira !

— Au revoir, coach, et merci pour tout !

— Merci à toi, me répond-elle, la voix tremblante. J'ai gagné mon pari. Je crois plus que jamais en toi. Tu réussiras !

— Oui, je vais réussir, mais là où j'irai, je n'oublierai jamais que c'est grâce à vous. »

Une page se tourne…

Nous sommes en juin 2008. J'ai dix-huit ans, j'ai quitté Clairefontaine et pourtant, mon avenir professionnel demeure flou. Il me reste quelques matchs à jouer avec le FC Hénin-Beaumont. À quoi ressemblera mon avenir ? Après trois ans au centre de formation, j'estime avoir le niveau pour évoluer dans un club plus important.

Je garde malgré tout confiance en moi.

Je poursuis mes entraînements avec mon club ainsi que les matchs le week-end.

Le 11 mai 2008, nous rencontrons l'équipe de Saint-Étienne pour disputer la vingtième journée de championnat de France. Quelques spectateurs sont présents dans les tribunes. Mon entraîneur et son adjoint sont assis sur le banc à droite. À gauche, le staff stéphanois et le président.

J'attends mes frères qui doivent arriver d'une minute à l'autre. Ils m'ont promis de venir me voir jouer. Le match débute, toujours personne. J'essaye de me concentrer sur la partie quand, à la troisième minute, je récupère le ballon et frappe en pleine lucarne de vingt-cinq mètres. But ! Je me tourne immédiatement vers les tribunes. Ils ne sont pas là. J'aurais tellement aimé qu'ils assistent à ce boulet de canon. À la onzième minute, je chipe le ballon dans les pieds d'une adversaire et plante le second but. J'entends à ce moment-là des applaudissements, je me retourne et j'aperçois enfin mes frères, ivres de joie. Je me sens pousser des ailes. Tout me paraît facile. Mes passes sont précises, mon jeu est fluide. À la cinquantième minute, à la suite d'un échange avec l'attaquante Aurélie Desmaretz, je marque le troisième but sous le regard ébahi des dirigeants du club stéphanois. Mon premier triplé. Au coup de sifflet final, le président se tourne vers l'entraîneur et lui dit :

« Je veux cette joueuse, il me la faut. »

Je ne l'entends pas. Jessica Houara, une joueuse de Saint-Étienne qui se trouve près d'eux à cet instant-là, me rapporte leur échange.

Deux mois plus tard, en juillet 2008, je signe à Saint-Étienne. Ma carrière est lancée.

3

Déterminée

Saint-Étienne

J'ai dix-huit ans et m'apprête à rejoindre les Amazones. C'est le nom donné aux joueuses stéphanoises. Dans la mythologie grecque, ces guerrières légendaires défendent leur terre, un arc à la main. J'aime cette appellation qui s'applique parfaitement à nous. Notre terre, c'est le terrain, l'arc, nos pieds. En découvrant les Amazones de Saint-Étienne, j'ai tranché : être Amazone, ce serait être une femme réinventée, une femme qui prend les armes. Une femme à contre-pied.

Quelques jours avant mon arrivée, Stéphane Tessier, le président de Saint-Étienne, m'invite à visiter le club. Je quitte Roubaix avec ma mère et mon frère Sofiane. Je franchis une nouvelle étape dans ma carrière, mais aussi dans ma vie. Cette fois, je vais habiter seule. Je ne serai pas encadrée comme au centre technique de Clairefontaine.

Je devrai m'assumer, préparer mes repas, faire mes lessives. Je me focalise sur ces détails, mais au fond le plus angoissant est de passer de longues soirées en tête à tête avec moi-même. Je suis heureuse et en même temps, j'ai peur de l'avenir. J'ai l'impression de faire un grand saut dans le vide. Je ne suis pas aidée par ma mère que je sens anxieuse. Ses yeux fixant la route se perdent dans un océan d'angoisse. Tout au long du trajet, elle redouble de conseils alors que mon installation est prévue dans deux semaines.

« Si tu décides d'intégrer ce club, tu vas devoir te prendre en charge entièrement ! Et il faudra faire attention à tes fréquentations ! Tu dois être prudente ! »

Elle réfléchit quelques secondes, puis renchérit :

« À qui vas-tu t'adresser si tu as un problème ? Tu ne connais personne ! Tu penseras à manger ?

— Maman, je te rappelle que je rentre à la maison avec vous. Je ne m'installe pas ce soir. Ne t'inquiète pas ! Je n'ai pas dix ans ! »

Si, j'ai dix ans au moment où je lui réponds. Ma voix ne trahit rien, mais tout n'est que points d'interrogation. Comment vais-je me débrouiller toute seule, moi qui ai toujours été couvée, protégée, assistée ?

Nous arrivons au centre sportif. Le président nous accueille devant la grille avec un grand sourire.

« Bienvenue, Kheira ! »

Nous visitons les infrastructures : quinze hectares pour s'entraîner, trois terrains d'entraînement en herbe, un terrain synthétique couvert, l'autre en extérieur. Tout en marchant, il nous explique le projet sportif et les ambitions du club :

« Nous avons fait une excellente saison 2007-2008 grâce à l'arrivée de joueuses comme Delphine Blanc, Karima Benameur ou Jessica Houara. Nous avons créé la surprise en nous classant quatrième du championnat derrière les grandes équipes comme l'OL, Juvisy ou Montpellier. Nous souhaitons poursuivre notre ascension et, pourquoi pas, accéder au haut du tableau.

— C'est un sacré défi, dis-je, impressionnée par les objectifs de Stéphane.

— Oui, mais vous en serez capables, j'en suis sûr. Vous avez le niveau pour rivaliser avec les autres clubs. Je te présenterai tes futures coéquipières, elles ont un peu plus d'expérience que toi et je suis certain qu'elles t'aideront à t'intégrer.

— Je connais déjà Jessica et Karima. Elles étaient en deuxième année au centre de formation de Clairefontaine quand je suis arrivée.

— C'est parfait, tu n'arrives pas en terre inconnue. »

Ma mère l'écoute sans le regarder. Ses yeux scannent chaque recoin du centre, guettant les dangers éventuels. En passant devant un bout de grillage défait, elle tente de repousser les tiges saillantes avec son pied puis me jette un regard entendu. Je ris doucement en lui lançant un baiser.

Stéphane Tessier nous reçoit ensuite dans son bureau et aborde d'emblée la question qui nous préoccupe en s'adressant à ma mère les yeux dans les yeux :

« Madame, je comprends votre inquiétude. C'est toujours comme ça la première fois que son enfant quitte la maison pour entrer dans un club.

— Oui, je ne suis pas tranquille. Qu'avez-vous mis en place pour qu'elle puisse vivre convenablement ?

— Elle sera rémunérée grâce aux primes de matchs. Parallèlement, je m'engage à lui trouver un job à temps partiel pour augmenter ses revenus. Madame, je m'y engage, répète-t-il face à sa moue circonspecte, faites-moi confiance. »

Je profite des derniers jours chez mes parents pour me faire chouchouter. Ils sont aux petits soins avec moi, ne me laissent pas le temps d'exprimer une envie que, déjà, je suis exaucée. Ma mère me prépare les plats que j'aime, des lasagnes ou du couscous. Je redeviens la petite princesse, sauf qu'aujourd'hui, je suis reconnaissante de ce qu'elle fait pour moi. Cette séparation est beaucoup plus difficile à vivre que le jour où je suis partie à Clairefontaine. Je sais que je dois passer par là pour réaliser mon rêve.

La veille du départ, nous restons une grande partie de la soirée à discuter, puis au moment d'aller me coucher, comme à Clairefontaine, je me dis : *c'est la dernière fois.* En essayant d'attraper ma valise sous mon lit, je discerne une forme ronde dans un tas de poussière : c'est ce ballon que j'avais – à moitié – volé chez le vendeur de livres. Les lignes sont presque effacées, le cuir corné. Mais en posant ma main dessus, je constate, comme un petit miracle, qu'il ne s'est pas dégonflé.

Le lendemain matin, ma mère m'accompagne à la gare. J'ai passé une nuit agitée, partagée entre l'excitation de cette nouvelle aventure et l'appréhension de ce qui m'attend là-bas. Nous nous étreignons tout en ravalant nos larmes.

« Prends soin de toi, ma fille, et appelle-moi dès que tu seras installée pour me dire si tout va bien. »

Je monte dans le train à la toute dernière minute. Je me contorsionne pour l'apercevoir le plus longtemps possible. Elle reste plantée sur le quai. Je ne la lâche pas des yeux jusqu'à ce qu'elle disparaisse. Je sais qu'elle pleure. Comment ne pas culpabiliser ? Elle qui rêvait d'avoir une fille, je ne lui inflige que peine, inquiétude et, probablement, un sentiment de solitude terrible. Je me fais la promesse de réparer sa souffrance en la rendant fière de moi et en lui offrant une belle vie quand je deviendrai professionnelle.

Lorsque j'arrive à destination, le président se tient debout en haut des escaliers de la gare.

« Bonjour Kheira, bienvenue ! Tout va bien ? Tu as fait bon voyage ?

— Oui, très bien.

— Comme je te l'ai dit la dernière fois, tu vas partager pendant une ou deux semaines un appartement avec trois joueuses de ton équipe, puis nous verrons par la suite en fonction de tes revenus. »

Je me demande bien qui seront ces trois joueuses. Nous roulons à vive allure en direction du centre de Saint-Étienne. Stéphane Tessier me parle, mais je l'écoute d'une oreille. Le paysage défile sous mes yeux. Alors c'est ici que je vais vivre ! La place de l'hôtel de ville puis, à quelques mètres, des immeubles qui se dressent. Je me surprends à chercher une boulangerie dans ces bâtiments qui s'enchaînent. Mais je ne suis plus chez moi, je dois m'y résoudre. J'ai encore du mal à me projeter. Je vis l'instant présent.

Nous arrivons dans une résidence entourée de verdure. J'aperçois des enfants jouer. Stéphane prend ma valise et nous nous dirigeons vers l'appartement. De l'autre côté de la porte, j'entends des éclats de rire qui s'arrêtent net lorsque nous entrons. Tous les regards sont braqués sur moi.

« Je vous présente Kheira Hamraoui, annonce le président pour couper court au malaise qui m'envahit. Elle est votre quatrième colocataire.

— Bonjour Kheira !

— Bonjour !

— Tu vois, les filles se connaissent depuis deux heures à peine et c'est déjà la foire, tente-t-il de me rassurer. Je vous laisse faire connaissance, vous installer tranquillement et je vous retrouve demain pour une journée bien remplie. »

Puis il claque la porte.

« Moi c'est Élodie, lance une blonde au visage doux, mais on se connaît de Clairefontaine.

— Mais oui ! Bien sûr ! C'est cool de se revoir ici, dis-je, rassurée de retrouver un visage familier. Où as-tu joué après ?

— À Montpellier. »

Les deux autres s'approchent de moi.

— Moi c'est K...

— Kheira ! crient-elles en chœur. On sait, on t'a googlisée et on se demandait si tes cheveux étaient aussi longs que sur les photos. Ben t'as pas menti ! »

Je souris. Je me détends. Elles ont déjà choisi leur chambre. Je partage la mienne avec Marina, une métisse à l'air réservé.

— Vous venez d'où ?

— Moi de l'Isère, dit Marina. J'ai joué au Grenoble foot 38 et ensuite au Claix Football.

— Pas trop dur de partir de chez toi ?

— Franchement, ça va. Enfin, ça dépend comment va se dérouler la saison. Notre entraîneur Hervé Didier est top, paraît-il.

— Oui, mais attention, il est réputé pour piquer des colères si ça ne file pas droit ! »

Le lendemain, nous nous rendons toutes ensemble au centre d'entraînement. La différence de niveau avec mon ancien club – Hénin-Beaumont – est flagrante. Hervé Didier et Cécile Locatelli, nos coachs, nous attendent sur le terrain. Je regarde Cécile avec admiration. Elle a joué dans le prestigieux club lyonnais où elle a gagné le titre de championne de France. C'est aussi une ancienne internationale française qui a disputé plus de quarante matchs en équipe de France. Son parcours me fait rêver. Hervé Didier est arrivé chez les Amazones cette année. C'est la première fois qu'il entraîne une section féminine. Nous le sentons parfaitement à l'aise parmi nous. Très vite, le duo nous met à l'épreuve. Ils repèrent rapidement nos points forts, nos faiblesses et les axes d'amélioration.

Hervé remarque rapidement la puissance et la précision de mes frappes, mes qualités offensives. Cependant, il me met en garde contre mon agressivité sur le terrain :

« C'est bien de te battre, mais fais attention, tu risques d'avoir des problèmes, tu dois canaliser ton énergie. »

J'observe Jessica qui s'entraîne un peu plus loin et je comprends que je dois progresser pour atteindre son niveau. Je ne m'en inquiète pas plus que ça. Moi, je débute, alors qu'elle a déjà l'expérience d'un club puisqu'elle a joué au Celtic de Marseille avant d'arriver à Saint-Étienne.

Parallèlement à ma carrière, je travaille. Le président a tenu sa promesse et m'a trouvé un emploi à temps partiel dans une boutique de vêtements. Contrairement aux garçons qui signent des contrats professionnels accompagnés d'une rémunération digne de ce nom, nous, les filles, demeurons amatrices. Il nous est donc impossible de vivre grâce au football. J'arrive malgré tout à joindre les deux bouts.

Je ne me rends jamais au magasin de gaieté de cœur, mais Jérôme, le patron, se montre compréhensif. Il conçoit que j'ai accepté ce job uniquement pour augmenter mes revenus. Dans l'arrière-boutique du magasin, il me regarde me pencher sur une pile de vêtements, l'étiqueteuse à la main.

« C'est le job de tes rêves, pas vrai ? se moque-t-il gentiment.

— Ah, si tu savais ! Même pour l'équipe de France, je ne lâcherais pas ce temple de la mode ! » dis-je en serrant contre moi un affreux gilet en laine rose.

Il rit en s'éloignant dans le magasin. Et puis il réapparaît, gêné, comme s'il avait longuement réfléchi à ce qu'il allait dire.

« Tu sais, Kheira, je comprends que ce ne soit pas évident pour toi. Tu as la chance d'être passionnée par ton métier, tu es talentueuse. Accroche-toi, tu l'auras, la vie de tes rêves. »

Au fil du temps, nous nous lions d'amitié. Il assiste aux matchs de temps en temps.

Je jongle entre mon job et les entraînements chaque soir. Je travaille mes tirs et mon positionnement sur le terrain. Je me sens en confiance avec Hervé que je considère comme un bel être humain, toujours à l'écoute de ses joueuses. Il sait trouver les mots pour me rassurer et, grâce à lui, je prends confiance en moi. Il m'attribue le numéro 10, un poste de milieu de terrain offensif qui me convient parfaitement. Je deviens la plaque tournante de mon équipe, tous les ballons passent par moi. Je me sens à ma place et progresse.

L'équipe de France

Mes performances en championnat tapent dans l'œil de Stéphane Pilard, le sélectionneur de l'équipe de France des U20 qui, par l'intermédiaire de mon club, me convoque pour un stage à Clairefontaine en vue de la Coupe du monde de football au Chili en novembre 2008. Cette sélection est constituée des meilleures joueuses françaises sous l'égide de la Fédération française de football. Je me souviens bien de Stéphane…

Dans la seconde qui suit la nouvelle, j'appelle ma mère :

« Maman, tu ne devineras jamais qui m'a convoquée !

— Dis-moi !

— Stéphane Pilard, l'entraîneur de l'équipe de France des moins de vingt ans !

— Stéphane Pilard, c'est bien l'un des coachs qui avait posé son veto à ton intégration au centre de formation à Clairefontaine il y a cinq ans ? Qu'est-ce qu'il te veut ?

— Maman ! Je suis appelée en équipe de France pour participer à la Coupe du monde au Chili !

— Ce n'est pas possible, ma fille ! Quel bonheur ! Quelle fierté ! Quelle revanche ! Tu vas porter les couleurs de notre pays ?

— Oui ! »

Ma mère exulte. Elle s'empresse d'appeler mes frères pour leur annoncer la nouvelle. Ils sont eux aussi si fiers de moi !

Je quitte donc mon club en compagnie de Karima Benameur, sélectionnée également, pour rejoindre l'équipe de France pour un stage à… Clairefontaine. Cinq mois après la fin de ma formation, j'y reviens non plus comme élève mais avec le statut d'internationale. Internationale de moins de vingt ans – les Bleuettes – certes, mais je sais que cette sélection représente un grand pas vers le rêve ultime, celui de jouer un jour avec l'Équipe A – les Bleues.

Rien n'a changé. Nous occupons les mêmes chambres, déjeunons et dînons dans le même restaurant. Nous n'avons toujours pas le droit d'entrer au château. Je me retrouve avec des joueuses qui deviendront, plus tard, de grandes internationales, comme l'attaquante Eugénie Le Sommer ou la défenseuse Wendie Renard.

L'équipe de France U20 reste encore très confidentielle. La médiatisation est quasi inexistante, seuls des journaux locaux ou sportifs comme *L'Équipe* publient de courts articles sur nous. Rien n'a changé, oui, sauf moi. Sur le lit face au mien, Gwendoline n'est plus là… Je prends conscience de ce parcours miné où, à chaque étape, l'aventure s'arrête pour certaines. C'est brutal. Et je mesure ma chance.

La préparation physique n'a rien à voir avec celle de mon club. Le niveau est un cran au-dessus. Nous effectuons deux entraînements par jour complétés par des exercices en salle. Nos repas sont contrôlés par un diététicien. Jouer parmi des footballeuses plus expérimentées que moi me fait prendre conscience que je n'en suis qu'aux prémices de ma carrière. Le temps où j'épatais sans effort les enfants de mon quartier est révolu. Être bonne ne suffit plus : il faut être la meilleure.

Le 10 novembre 2008, nous nous envolons vers Santiago, la capitale du Chili. Comme dans tous les pays sud-américains, le football y est le sport le plus pratiqué et aimé. Le gouvernement n'a pas lésiné sur les moyens pour l'organisation de cette épreuve, reconstruisant quatre stades pour l'occasion. La ferveur et le nombre de supporters présents pour ce tournoi confirment que le football féminin a bel et bien sa place dans ce pays historiquement passionné par la version masculine. Nous sommes logées dans un hôtel. Je partage ma chambre avec la gardienne de but, Méline Gérard, devenue une amie proche. Joueuse au PSG l'année précédente, elle n'a pas survécu à la concurrence avec sa rivale parisienne, Cécile Quatredeniers, et s'est vue rétrogradée en deuxième division dans son club d'origine, l'AS Montigny. Lorsqu'elle se met à douter, je lui assure n'avoir aucune inquiétude la concernant. Sur le terrain, avec sa queue-de-cheval fermement tirée, ses sourcils froncés, ses yeux qui guettent tous les dangers, je crois qu'on peut déjà deviner en elle une future grande gardienne de buts. Mais elle, le sait-elle ? Voit-elle déjà son avenir tout tracé ?

Nous nous retrouvons dans le même groupe que la Chine, les États-Unis et l'Argentine. Nous redoutons de jouer contre les Américaines, doubles championnes du monde en 1991 et 1993. Outre-Atlantique, le foot est devenu le sport de référence de la gent féminine. L'US Women's National Team n'est jamais descendue sous la deuxième place au classement mondial de la FIFA. Nous sommes logiquement battues trois buts à zéro. C'est mon premier match en bleue, j'avoue être déstabilisée car trop habituée à être dans les meilleures à l'échelle de mon club. Le premier match est une claque qui me réveille.

À la suite de cette défaite, nous relevons la tête et nous imposons face à la Chine et l'Argentine. Nous accédons pour la seconde fois consécutive aux quarts de finale que nous disputons face au Nigeria. Notre concentration est extrême. Nous sommes menées 1 à 2 à la pause et notre coach, Stéphane Pilard, profite de la mi-temps pour nous éclairer sur les failles de nos adversaires. Nous retournons sur le terrain, prêtes à en découdre. Grâce aux buts d'Eugénie Le Sommer et Nora Coton-Pélagie, nous battons les Nigériennes 3 à 2. Au coup de sifflet final, nous nous précipitons vers les quelques supporters français pour les remercier de leur soutien. En courant autour du terrain, j'ai l'impression que l'avenir s'illumine, que les gradins sont remplis de Français ayant traversé l'océan pour nous voir. Une illusion… Si nous avons été hués ce jour-là, je ne m'en souviens pas, tant ma joie était grande ! Pour la première fois, nous nous qualifions dans le dernier carré.

Hélas, nous perdons 2-1 en demi-finale face à la Corée du Nord qui met un terme à notre beau parcours. La déception est immense, mais nous devons rester concentrées car un match important nous attend contre l'Allemagne. Celui de la troisième place du podium. Hélas, là encore, nous nous inclinons 5-3 et terminons cette Coupe du monde à la quatrième place du classement. Notre défaite est à peine évoquée dans la presse française. Une Coupe du monde féminine ne bénéficie pas du même traitement médiatique qu'une masculine. J'ose espérer qu'une certaine ferveur se serait emparée de notre pays si nous avions gagné cette compétition. Toujours est-il que nous revenons en France dans une indifférence quasi générale. Chacune de nous rejoint son club respectif. Eugénie au Stade Briochin à Saint-Brieuc, Méline à Montigny. Quant à moi, je rentre à Saint-Étienne avec Karima Benameur. Je reste silencieuse durant une grande partie du voyage.

« Tu es déçue ? me demande ma coéquipière.

— Évidemment, nous n'avons même pas atteint la troisième place !

— C'est vrai, mais c'est ta première compétition internationale, il y en aura d'autres. »

Je hausse les épaules en guise de réponse. Je ne supporte pas de perdre, c'est ma force et ma faiblesse. Je mets toujours un peu de temps pour digérer les défaites.

Nous arrivons à Saint-Étienne sous la neige. Plus de vingt degrés d'écart en quelques heures ! J'appelle ma mère :

« J'ai trop froid maman !

— J'imagine ! Si tu as de la neige devant chez toi, je viens déblayer devant ta porte pour que tu puisses courir. »

Ma mère !

Le coach nous donne une permission de trois jours. Je décide de rentrer à Roubaix auprès des miens. Je suis accueillie comme une héroïne par mes parents et mes frères. Lorsque je pénètre dans l'appartement, une grande table est dressée au milieu de la pièce. Je compte le nombre d'assiettes. Il y en a plus de dix. Je me retourne vers ma mère.

« Qui vient dîner ce soir ?

— J'ai invité toute la famille pour fêter ton entrée en équipe de France. »

Vers 20 h, mes tantes arrivent avec mes cousines, mes cousins et ma grand-mère. Je me sens presque gênée de l'admiration qu'ils me manifestent. Est-ce que je mérite tant d'égards ? Je les remercie puis réponds à leurs innombrables questions : « Ça t'a fait quoi de chanter la Marseillaise ? Et de porter le maillot bleu ? Tu as été interviewée par des journalistes ? Tu vas devenir célèbre ! » J'observe mes frères du coin de l'œil. Ils restent plutôt discrets mais, dans leurs yeux, je perçois plus que de la fierté, comme une forme de sidération face à la femme que je suis devenue. La soirée se prolonge jusqu'à une heure tardive dans la gaieté et l'excitation.

Je profite de mon séjour pour rendre visite à mes amis. Je me fais interpeller dans la rue : « Félicitations, Kheira ! Bravo ! » Il est loin le temps où j'étais montrée du doigt. Me voici devenue la star locale. Je suis surtout heureuse pour ma mère qui, sans le vouloir, prend sa revanche après toutes les critiques essuyées pendant tant d'années. Elle a changé de statut. La mère du garçon manqué est aujourd'hui devenue la mère de la joueuse de l'équipe de France. Elle mérite tant de récolter les lauriers de ma réussite !

Deux jours plus tard, je repars à Saint-Étienne. Après l'aventure chilienne, je n'ai plus envie de retourner travailler dans la boutique de vêtements. J'ai besoin d'argent, mais le temps passé là-bas m'empêche de progresser sportivement. Je décide d'en parler au président du club.

« Je comprends, me répond-il. Patiente quelques semaines, je vais faire en sorte de trouver une solution pour vous toutes. »

Stéphane Tessier tient une fois de plus parole et m'annonce que je peux arrêter de travailler. Grâce à un montage financier qui inclut nos primes de matchs, il réussit à nous obtenir des revenus suffisants pour nous permettre de vivre convenablement.

Je déniche un petit appartement dans une résidence près du centre d'entraînement. Je passe à une nouvelle étape ; la vie en solo. Sans copines sur lesquelles m'épancher dans les moments de doute, sans personne à qui parler le soir après les entraînements. Cette perspective m'effraie, mais je dois avancer et grandir.

Accompagnée d'une amie, ma mère déboule à Saint-Étienne pour m'aider à m'installer. À peine arrivée, elle se rue dans un centre commercial pour faire le plein de nourriture. Des œufs, de la viande, des pâtes, du riz, des fruits, du chocolat. J'ai l'impression qu'elle vient de faire un casse. Je perçois son inquiétude et son désarroi face à ma nouvelle situation.

« Enfin, maman, tu as acheté trop de choses !

— Je ne veux pas que tu galères, alors si je peux te faciliter la vie, je le fais.

— Tout va bien, ne t'inquiète pas. J'ai dix-neuf ans, je ne suis plus une enfant. »

Les premières semaines sont pourtant difficiles. Il m'arrive de tourner en rond sans savoir quoi faire. Je ne suis pas assez proche de mes coéquipières pour m'inviter chez elles. Je prépare mes repas et dîne seule. Quel changement de vie ! J'avoue être un peu perdue, mais une joueuse va égayer mon quotidien : Jessica Houara. Milieu de terrain, elle a trois ans de plus que moi. Avant d'intégrer l'équipe stéphanoise, elle jouait à Marseille.

Cela fait donc trois ans qu'elle vit seule. Elle habite Lyon et, tous les matins, elle fait le trajet en voiture jusqu'ici pour se rendre aux entraînements. Nous discutons souvent toutes les deux. Il m'arrive de me confier à elle. Je lui raconte mes difficultés à m'adapter à ma nouvelle vie. Et c'est tout naturellement qu'elle me prend sous son aile. Beaucoup plus expérimentée que moi, elle me conseille sur le comportement à adopter sur le terrain, me fait prendre conscience de mon impulsivité, me félicite quand je fais un bon match. Sa présence me rassure, elle devient comme une grande sœur pour moi. Un vendredi, alors que nous entrons dans les vestiaires après un entraînement, Jessica s'approche de moi et me murmure :

« Qu'as-tu prévu de faire ce week-end ?

— Je ne sais pas, je vais peut-être aller au resto avec les filles, mais ce n'est pas sûr.

— Ça te dirait de venir à la maison ? »

Sa proposition me fait chaud au cœur. Sans une seconde d'hésitation, j'accepte. Nous passons récupérer quelques affaires chez moi puis nous partons en direction de Lyon. Ce week-end sera le début d'une longue série. Durant toute l'année, j'irai dormir chez elle presque tous les vendredis soir jusqu'au dimanche. L'année suivante, hélas, elle quittera Saint-Étienne pour jouer au PSG. Je ne savais pas alors que je la retrouverais…

En juillet 2009, notre Racing Club de Saint-Étienne fusionne avec le club professionnel masculin de l'AS Saint-Étienne (ASSE). Ce changement de nom n'a aucun impact sur nous, si ce n'est le départ de notre président, Stéphane Tessier, qui, ayant accompli sa mission, laisse les rênes aux dirigeants de l'ASSE.

Nous enchaînons les matchs sans pour autant parvenir à nous hisser en haut du tableau. Nous stagnons à la septième place du championnat. Le 13 décembre 2009, je marque mon premier but avec l'ASSE, puis le 30 janvier 2010, j'inscris mon premier doublé contre le Stade Briochin. Le coach me titularise à chaque match, autrement dit, je fais partie de son premier choix.

Je me sens de mieux en mieux dans ma vie professionnelle et personnelle. J'organise mes journées. Chaque jour après les entraînements, je me rends dans une salle de sport pour entretenir ma forme. Mon corps est mon outil de travail et je dois en prendre soin.

La deuxième année se déroule tout aussi bien. Je sens que je progresse dans ma technique comme dans mes tirs. Je marque huit buts au cours de cette saison.

Un soir, à la suite d'un match contre l'Olympique Lyonnais – la meilleure équipe du championnat français –, l'entraîneur Farid Benstiti demande à me parler. Je suis surprise mais l'écoute avec attention.

« J'aimerais que tu nous rejoignes. »

Je ne peux être que flattée par sa proposition. Je suis arrivée à Saint-Étienne il y a seulement deux ans et suis déjà sollicitée par un club où toutes les footballeuses rêvent de jouer. Je suis tentée d'accepter, mais ai-je vraiment le niveau ? Cette équipe est composée de grandes joueuses comme Wendie Renard, Laura Georges ou encore Amandine Henry. Contre toute attente et à la grande surprise du coach, je décline sa proposition.

« Non, c'est impossible ! Je suis encore trop jeune. Ce qui m'intéresse, c'est de jouer au foot. Je sais qu'en allant chez vous, je resterai sur le banc.

— Mais tu t'entraîneras avec les meilleures joueuses ! insiste-t-il.

— Aujourd'hui, j'ai surtout besoin d'acquérir de l'expérience et de progresser. La meilleure façon d'y parvenir, c'est de jouer tous les matchs. Même si Saint-Étienne n'est pas un grand club, ce n'est pas grave, au moins, mon coach m'offre du temps de jeu. »

Puis je conclus par ces mots :

« Si je suis la meilleure, on me donnera ma chance dans un grand club, et si ce n'est pas le cas, alors je resterai ici. »

Tout en parlant, je m'étonne moi-même de parvenir à raisonner ainsi, de ne pas céder au chant des sirènes. Farid, lui, reste interdit, mais se résigne.

« Je comprends, c'est tout à ton honneur. J'espère, à bientôt. »

Je m'éloigne et me demande immédiatement si j'ai fait le bon choix. Ai-je manqué d'ambition sur ce coup ? Est-ce que je préfère rester dans ma zone de confort plutôt que de prendre des risques ? Il est encore temps de le rappeler. Non, je n'ai aucun regret. Je ne me sens pas prête et ne dois pas brûler les étapes. J'ai un objectif à atteindre et suis persuadée qu'un jour j'y accéderai, même si ça doit prendre du temps. Lorsque j'ai parlé de cette proposition à mon entourage, j'ai tout de suite perçu l'incompréhension dans leur regard. Tous m'ont conseillé de revenir sur ma décision.

« Ça fait deux ans que tu joues à Saint-Étienne, si tu ne pars pas maintenant, tu ne perceras jamais. C'est le moment de jouer dans un grand club. »

Je ne me laisse pas influencer. Je décide en fonction de ce que je ressens et je sais que j'ai raison : un jour, je jouerai dans un grand club.

Chaque jour, je fais en sorte de prouver à mon coach que je suis bien présente, tant aux entraînements que pendant les matchs. Je ne laisse transparaître aucun signe de faiblesse ni de fatigue. Mon combat pour y arriver, je le mène au quotidien.

Mon entraîneur, Hervé Didier, dit de moi que je suis capable de renverser des montagnes quand je le décide. Il loue ma puissance physique sur le terrain et mon jeu long. En revanche, comme partout où je passe, mon fort caractère pose parfois problème. « Kheira n'est pas ingérable, mais impulsive », répète-t-il. C'est la raison pour laquelle je prends parfois des cartons. La réalité, c'est que je ne supporte pas d'être insultée sur le terrain. Je me souviens d'un match très musclé contre le PSG. Je prends coup sur coup, mais ne réagis pas. Il reste trois minutes de jeu quand Caroline Pizzala, la milieu de terrain parisienne, me donne un coup de crampons dans le ventre. Je tombe. L'histoire aurait pu s'arrêter là, mais la joueuse en rajoute en insultant ma mère. C'est la goutte d'eau. J'ai pris sur moi durant toute la rencontre, là, c'est trop. Je me relève et me dirige vers elle, me rapproche et colle mon front contre le sien. Je ne sais pas ce qui me retient d'en venir aux mains. Probablement l'arbitre qui se précipite vers nous et nous sanctionne toutes deux d'un carton rouge. Nous sommes expulsées du match. Je rentre dans les vestiaires en regrettant déjà mon geste. Oui, je le reconnais, je suis impulsive et suis souvent sanctionnée pour ce trait de caractère. Je suis très agressive sur un terrain, mais n'est-ce pas aussi grâce à ma personnalité que j'ai pu accéder au haut niveau ? Est-ce que mon impulsivité ne reflète pas surtout mon refus des injustices, mon intégrité, mon authenticité ? Toutes ces erreurs, ces faux pas qui m'ont parfois valu de sérieux recadrages m'ont fait évoluer, grandir et comprendre beaucoup de choses. Aujourd'hui, si je me fais insulter, je ne réagis plus. J'ai tiré les leçons du passé.

Si je devais retenir un événement de cette saison 2010-2011, ce serait le Challenge de France, renommée Coupe de France. Il s'agit d'une compétition à élimination directe ouverte à tous les clubs de football ayant une équipe féminine, organisée par la Fédération française de football et ses ligues régionales. Nous avons péniblement atteint les huitièmes de finale l'an dernier et voulons unir toutes nos forces pour aller le plus loin possible cette année. Nous parvenons à éliminer tour à tour quatre équipes dont le Dijon FCO et Le Mans FC pour nous hisser en finale de la compétition contre l'un des poids lourds du football féminin, le Montpellier HSC. Triple vainqueur de l'épreuve en 2006, 2007 et 2009, les Héraultaises partent favorites. Nous ne sommes que cinquièmes du championnat, un classement plutôt moyen, et nous devons nous relever de deux échecs cuisants face à l'Olympique Lyonnais (6-0, puis 8-0). Cette fameuse équipe que je n'ai pas rejointe… Dans ces moments, le doute me saisit. Le moral n'est donc pas au beau fixe, mais nous sommes prêtes à tout donner pour réaliser un exploit.

Le samedi 21 mai 2011, nous sommes attendues au stade de la Pépinière, à Buxerolles près de Poitiers, pour jouer la première finale de notre histoire.

Quelques minutes avant le début de la rencontre, Hervé Didier entre dans le vestiaire pour la causerie d'avant-match. L'heure est grave et la tension, palpable. Un silence assourdissant règne dans la pièce. La concentration est à son maximum. Après quelques directives techniques et tactiques, notre entraîneur passe à la seconde phase, le discours de motivation :

« Les filles, vous êtes à une marche du bonheur ! Ce match sera difficile, vous le savez, mais je crois en vous. Vous avez toutes les qualités pour y arriver ! Quoi qu'il arrive, je tiens déjà à vous féliciter de votre parcours. Vous méritez votre place en finale. Vous devez saisir votre chance. Si vous êtes plus fortes que Montpellier, vous gagnerez, si vous êtes plus faibles, vous perdrez, mais en tout cas, vous ne devez pas sortir du match avec des regrets. Ne lâchez rien, restez soudées et concentrées jusqu'à la dernière minute ! Allez ! » termine-t-il en nous applaudissant.

Comme des taureaux entrant dans l'arène, nous nous levons et nous dirigeons vers le terrain. Nous nous encourageons mutuellement puis l'arbitre siffle le début du match. Dès les premières minutes, nous comprenons que la lutte sera rude et qu'il faudra tenir, résister. Nous sommes dominées par l'équipe adverse qui attaque sans relâche. Les joueuses montpelliéraines multiplient les tirs au but, mais le ballon ne rentre pas grâce aux arrêts exceptionnels de notre gardienne Méline Gérard, qui a quitté Montigny pour intégrer l'ASSE. À cinq minutes de la fin, le score est toujours nul et vierge. Nous nous dirigeons tout droit vers une séance de penalty qui nous départagera. La roulette russe ! Méline est accroupie devant son but, les yeux rivés sur la pelouse. Hervé, notre coach, entre sur le terrain pour désigner les joueuses qui tireront. Cinq tirs pour chaque équipe.

C'est parti ! Montpellier débute. La défenseuse, Marion Torrent, tire. Notre gardienne effectue un arrêt spectaculaire. Au tour de Camille Catala, notre milieu de terrain. Nous sommes toutes alignées sur le terrain, main dans la main, le souffle coupé. Elle tire, le ballon ne rentre pas. Nous sommes toujours à égalité : 0-0. Les deux équipes ont encore droit à quatre tirs. Charlotte Bilbault, la milieu de terrain de Montpellier, se positionne devant le but. Elle tire, mais encore une fois, notre gardienne s'empare du ballon. Nous explosons de joie ! Il faut absolument marquer cette fois pour prendre de l'avance. C'est Astrid Chazal, notre défenseuse centrale, qui avance vers le point de penalty. Elle tire. But ! 1-0 pour nous ! Puis les deux équipes se tirent la bourre. 1-1… 2-1… 2-2… Nous marquons une troisième fois : 3-2. Il reste un tir à effectuer de chaque côté. Si Montpellier échoue, nous gagnons. C'est Hoda Lattaf, l'attaquante héraultaise, qui s'y colle. Le destin de son club est au bout de son pied.

La pression est immense d'un côté comme de l'autre. Méline Gérard la fixe dans les yeux, bouge les bras pour la déstabiliser. Je ne respire plus. Je prends conscience que nous sommes peut-être à quelques secondes de la consécration. L'arbitre siffle. Hoda s'élance, tire. Notre gardienne repousse d'une main ferme le ballon. Nous nous précipitons sur elle, nous jetons les unes sur les autres en hurlant de joie. Nous scandons le nom de Méline Gérard, l'héroïne du match. Hervé nous rejoint, ivre de bonheur.

« On l'a fait ! On l'a fait ! ne cesse-t-il de répéter. Nous venons de remporter notre premier trophée national ! »

Les officiels entrent sur le terrain pour nous remettre notre médaille. Nous sommes alignées, surexcitées, incapables de tenir en place. Puis la coupe arrive, elle est énorme, en argent. Nous la soulevons toutes ensemble en hurlant, l'embrassons, la passons de mains en mains. Je n'avais jamais éprouvé un tel bonheur ! Mon premier titre, je viens de gagner mon premier titre ! Nous allons le savourer et le fêter comme il se doit. Ce que nous faisons le soir même jusqu'au bout de la nuit. Mais la saison n'est pas terminée, nous devons vite nous reconcentrer pour les derniers matchs de championnat.

La saison suivante, une nouvelle attaquante rejoint l'AS Saint-Étienne après avoir joué un an au Toulouse Football Club. Elle s'appelle Anne-Marie Banuta, elle est roumaine. C'est une petite blonde d'un mètre soixante-cinq, souriante et sympathique. Elle habite seule dans un appartement près de chez moi, mais nous ne nous côtoyons pas. Nous sommes coéquipières, rien de plus. À la fin des matchs ou des entraînements, nous nous saluons d'un signe de la main et chacune rentre chez elle. Un samedi après-midi, constatant que mon frigo est vide, je décide de faire des courses dans une grande surface. Je marche quand une voiture me klaxonne et s'arrête devant moi. C'est Anne-Marie.

« Salut, ça va ? me demande-t-elle avec un grand sourire. »

Très surprise, je balbutie :

« Oui… et toi ?

— Tu vas où comme ça ?

— Je vais à Auchan, je n'ai plus rien à manger.

— Moi aussi, veux-tu que je te dépose ? »

Sans hésiter, je monte.

« Tu te plais à Saint-Étienne ? me demande-t-elle.

— Oui, ça va. Ce n'est pas la ville de mes rêves, mais je m'y suis fait. Et toi ?

— J'ai tout le temps froid ! Tu sais, je vivais à Toulouse l'an dernier. Là-bas, il fait beau presque tous les jours, ça me change ! »

Dans le magasin, Anne-Marie se précipite sur le rayon des surgelés.

« J'adore les Magnum au chocolat blanc !

— Moi aussi, j'adore ! »

Nous nous connaissons depuis seulement cinq minutes et déjà, j'ai le sentiment qu'une amitié est en train de poindre. Nous nous découvrons des points communs, rions des mêmes blagues.

« Tu fais quoi ce soir ? »

Sans me laisser le temps de lui répondre, elle enchaîne :

« Si tu es dispo, je t'invite à dîner chez moi, comme ça nous pourrons nous goinfrer ensemble, qu'en dis-tu ?

— Avec plaisir. »

Anna – je la surnomme comme ça aujourd'hui – me raccompagne chez moi, m'aide à porter les sacs, puis me propose de la rejoindre vers 20 h, le temps de préparer le fameux dîner – si on peut appeler ça ainsi. À partir de ce jour, nous ne nous sommes plus jamais quittées. Je la considère comme ma sœur de cœur, un membre de ma famille.

Sa présence me réconforte car cette dernière année au club sera en demi-teinte. Je m'investis mais réalise qu'il est temps de franchir un cap. Mon bilan est bon : j'ai joué soixante-cinq matchs avec l'AS Saint-Étienne, marqué vingt-quatre buts dont un triplé et trois doublés. Je n'ai plus rien à apporter à cette équipe et moi, j'ai besoin d'évoluer. Je n'ai pas d'agent pour contacter les clubs, alors je fais appel à Samy, un garçon bien intégré dans le milieu, pour relayer les informations. Mon souhait de changer de club circule. Farid Benstiti qui m'avait sollicitée pour venir à l'Olympique Lyonnais en 2010 a quitté Lyon pour devenir entraîneur au PSG. Il me recontacte et m'invite à participer à une réunion avec les dirigeants du club parisien. Tous sont enthousiastes à l'idée de me recruter, mais appréhendent la cohabitation avec Caroline Pizzala, la joueuse avec laquelle le ton était monté, il y a quelques années, à Saint-Étienne.

« Si vous jouez au PSG, comment envisagez-vous votre relation avec Caroline ? me demandent-ils au cours de l'entretien.

— Je n'ai aucun problème à jouer avec elle. Nous avons eu un accrochage sur le terrain, ça peut arriver à n'importe qui. Aujourd'hui, c'est passé et oublié. »

Paris Saint-Germain

Je souhaite plus que tout intégrer cette équipe qui nourrit de grandes ambitions. En effet, l'année 2012 voit arriver un nouveau propriétaire, le Qatar, qui souhaite professionnaliser le football féminin pour atteindre le plus haut niveau et concurrencer les trois grosses équipes du championnat français : Lyon, Juvisy et Montpellier. Je suis persuadée que je pourrai gagner des titres avec ce club ! Les jours passent puis, un matin, Farid m'appelle pour m'annoncer que je vais devenir parisienne. Je pousse un soupir de soulagement.

Je fais un dernier aller-retour pour signer mon contrat. Un contrat fédéral de deux ans. Ce n'est pas le même contrat que signent la plupart des garçons, à savoir à un contrat pro. Eux sont reconnus comme professionnels alors que nous, les filles, sommes considérées comme joueuses salariées dans un club non professionnel. Ce contrat de travail est homologué par la Fédération française de football. Symboliquement, ce document marque une forme d'amateurisme, une reconnaissance en demi-teinte. Cependant, ces contrats, seulement autorisés pour les filles depuis 2009, ont fait entrer le football féminin dans une nouvelle dimension. Celle d'une activité réglementée par la FFF et soumise au Code du travail. Nos droits sont maintenant tout aussi scrupuleusement respectés que ceux de nos homologues masculins.

Mon premier rêve est donc exaucé : je signe mon contrat et deviens officiellement joueuse professionnelle – ou presque, donc. Oui, je le serai. Je le suis. Au moment d'apposer ma signature sur le document, le souvenir du mur de ma chambre sur lequel j'avais écrit *Je veux devenir footballeuse professionnelle* traverse mon esprit. Un brin de nostalgie s'empare de moi, mais je me ressaisis et inscris en bas de la feuille : Kheira Hamraoui. Mon salaire me permet à présent de vivre très confortablement. Je loue un appartement à Poissy près du centre d'entraînement. Ma mère, fidèle à elle-même, vient passer quelques jours chez moi pour m'aider à m'installer. Elle persiste à remplir mon frigidaire, mais je la sens rassurée et plutôt sereine. Elle s'est habituée à mon absence, ce qui ne l'empêche pas de me rendre visite tous les quinze jours environ.

Je m'adapte rapidement à ce changement de vie. Je suis passée de la petite ville de Saint-Étienne à la capitale avec une légère appréhension au départ, puis très vite, j'ai profité de ce qu'offrait Paris : les restaurants, les cinémas et autres activités. Je fais connaissance avec mes coéquipières, le courant passe très vite. Je me lie d'amitié avec la milieu de terrain Aurélie Kaci, l'attaquante Léa Declercq, et la gardienne de but, Karima Benameur, que je connaissais de l'époque stéphanoise. Cette dernière est devenue l'une de mes plus proches amies.

La concurrence est rude. Je dois gagner ma place parmi de grandes footballeuses comme Shirley Cruz, une internationale costaricaine, Caroline Seger, internationale suédoise et Linda Bresonik, internationale allemande. Je suis loin du club de Saint-Étienne ! J'ai l'impression de repartir de zéro, mais n'est-ce pas en me confrontant à mes rivales que je progresserai ? D'autres joueuses étrangères sont également arrivées, deux Allemandes et une Américaine. Ce mélange de culture m'enrichit personnellement car, à travers elles, je découvre une autre façon de penser et d'appréhender le haut niveau.

Côté foot, je dois me battre pour espérer jouer. Je n'ai que vingt-deux ans et ne suis pas titulaire indiscutable, autrement dit, je ne fais pas partie du premier choix de l'entraîneur. Je travaille d'arrache-pied aux entraînements, sur le terrain et en dehors. Je veux prouver à Farid, mon coach, que je suis au niveau pour disputer les matchs.

Je n'ai pas encore croisé Caroline Pizzala, la fameuse joueuse, mais ça ne saurait tarder. Lors du premier rassemblement, je me retrouve face à elle.

« Salut, me dit-elle froidement.

— Salut ! »

Rien de plus. Nous sommes, l'une et l'autre, gênées par la situation. Devons-nous nous expliquer pour crever l'abcès et tirer un trait définitif sur cet incident ? Je ne bouge pas, elle non plus. Nous nous respectons cependant sur le terrain lorsque nous nous entraînons en groupe. Nous sommes amenées à jouer ensemble, nous passer le ballon. Au bout de quelques jours, lors d'exercices, nous nous interpellons afin de nous synchroniser, puis un sourire furtif, une tape dans le dos et tout naturellement, nos relations se détendent. Nous commençons à échanger quelques mots. Je vois bien qu'elle m'apprécie, il en est de même pour moi. Sans être amies, nous devenons au fil du temps assez proches et surtout, nous nous respectons. Les coachs sont ravis de ce retournement de situation, eux qui redoutaient un éventuel clash. Ils ne se sont pas encore rendu compte que je commence à changer… Je garde le même caractère, mais je sais à présent contrôler mes émotions. Je porte le numéro 14. Au départ, le coach me positionne à un poste offensif, mais en raison de mon physique imposant et de ma grande taille, il me fait reculer sur le terrain à une place plus défensive.

Les mois passent et je constate une progression spectaculaire. Notre hygiène de vie et notre poids sont régulièrement contrôlés. Au moindre kilo en trop, on me rajoute des séances d'exercices physiques – vélo, abdominaux, rameur – jusqu'à ce que je retrouve mon poids idéal : 72 kg pour 1 m 78. La diététique est draconienne. Les coachs vérifient le contenu de mes assiettes. Lorsque je déjeune ou dîne à l'extérieur, je dois envoyer des photos de mes plats. Ce n'est pas évident ! J'en bave. Farid ne me lâche pas, il me prévient :

« Si tu ne maigris pas, tu ne joueras pas. »

Et je ne joue pas tant que je ne retrouve pas un équilibre. Afin de ne pas créer de frustration, j'ai l'autorisation de faire quelques écarts le week-end à condition de me réguler dès le lendemain. Je souffre, mais les résultats sont probants. Mon corps s'est affûté, j'ai pris du muscle. Je suis transformée physiquement et mon jeu s'en ressent. Je me sens plus légère, plus rapide dans mes courses. En dehors des entraînements au club, je prends à mes frais un préparateur physique personnel parce que je veux devenir la meilleure, je veux atteindre l'excellence. J'enchaîne les entraînements puis je cours à la salle de sport. Je suis épuisée, mais j'accède à une autre dimension. Je ne suis plus la même joueuse. Un jour, Farid demande à me parler.

« Je te trouve fatiguée. Que se passe-t-il ?

— Tout va bien, coach. »

Je n'ose pas lui avouer que je m'entraîne en dehors du club.

« Ne me dis pas que tout va bien, c'est faux. Tu as les traits tirés et en même temps, je constate que ton corps a changé et que tu es beaucoup plus performante sur le terrain. Peux-tu m'expliquer ce paradoxe ? »

Je finis par avouer.

« C'est donc cela, me répond-il avec un grand sourire. OK, pas de problème, mais ménage-toi quand même ! »

À force de travail, j'arrive à gagner ma place en devenant la plupart du temps titulaire. Mais rien n'est acquis car le football est un éternel recommencement. Je peux être encensée sur un match si je réalise une bonne performance, puis entendre que je suis nulle celui d'après si je baisse de niveau. Nous le constatons avec les grands joueurs de Ligue 1 ou de l'équipe de France. Rien n'est jamais acquis. Nous sommes tous logés à la même enseigne. Cependant, pour certains et certaines, la vie est plus douce. En ce qui me concerne, tout au long de ma carrière, je devrai batailler, argumenter, me justifier et prouver que je ne suis pas celle qu'on décrit pour être acceptée. On ne m'a jamais fait de cadeau. Quels que soient les clubs où j'ai joué, on ne m'a jamais offert un statut de titulaire. J'ai toujours dû prouver que je méritais ma place. Je suis allée la chercher dans tous les clubs, toutes les équipes. Si j'en suis là aujourd'hui, je ne le dois qu'à moi et à ma ténacité. Mais je vais être honnête ; j'ai besoin d'être confrontée à l'adversité pour avancer. Le combat reste mon principal moteur. J'ai besoin d'être secouée, recadrée, même parfois vexée pour me dépasser. Si on me laisse dans ma zone de confort, je me relâche. J'ai besoin d'être piquée en permanence. Tous mes coachs l'ont compris et se sont adaptés dans le but de me rendre meilleure. Ils s'autorisent à me bousculer, à mal me parler jusqu'à me traiter de nulle parce qu'ils savent que, le lendemain, je vais me relever et me dire : *Ah oui ? Je suis nulle ? Tu vas voir de quoi je suis capable !* Et en effet, le lendemain, je me dépasse. J'ai besoin de ça.

Mon statut de titulaire m'ouvre les portes de l'équipe de France A. En octobre 2012, je suis convoquée par l'entraîneur Bruno Bini. Je n'ose pas y croire. L'équipe de France A ! Je suis admise dans l'élite du football français ! J'y retrouve Louisa Necib. Nous disputons un match amical contre l'Angleterre au stade Charléty à Paris qui se solde par un score nul 2-2.

Juillet 2014, j'arrive en fin de contrat avec mon club. Je n'ai pas le temps de réfléchir à la suite de ma carrière que les dirigeants me proposent de prolonger de deux ans, ce que j'accepte sans hésitation. Mon contrat est modifié, mon salaire, doublé. Mon niveau de vie me permet à présent de tenir la promesse faite à ma mère lorsque j'étais enfant. Je me souviens : *Maman, quand je serai joueuse professionnelle, je vous ferai plein de cadeaux et tu n'auras plus besoin de travailler.* Mes revenus ne me permettent pas encore de la mettre à l'abri, mais dès que j'en ai la possibilité, je lui envoie de l'argent et couvre mes neveux et nièces de cadeaux.

En juin 2015, je suis convoquée pour disputer la Coupe du monde au Canada. Nous parvenons à nous hisser jusqu'en quarts de finale. Hélas, notre aventure s'arrête par une défaite aux tirs au but face à l'Allemagne.

Mes deux dernières années à Paris sont déterminantes. Je ne suis plus la même qu'à mon arrivée. J'ai passé un cap, progressé sportivement mais aussi mentalement. Il y a quelques années encore, lorsque je perdais un ballon sur le terrain, j'avais tendance à laisser tomber, aujourd'hui, je m'accroche, je persévère. Je suis beaucoup moins égocentrée. À mon arrivée au PSG, je jouais et travaillais pour moi, à présent je pense avant tout au collectif, je me bats pour le groupe. Je suis devenue une personne meilleure. Cette transformation, je la dois beaucoup à Christophe Gamel, l'entraîneur adjoint. Il m'a tout appris et s'est toujours montré présent dans les moments difficiles. La première fois qu'il m'a vue jouer, il s'est tourné vers notre coach et lui a dit :

« Je mets une pièce sur cette joueuse. »

Farid l'a calmé. Il reconnaissait un certain talent chez moi sans pour autant imaginer que je deviendrais, un jour, une grande footballeuse. En refaisant le film de ma carrière, je réalise qu'à chaque fois, quelqu'un a misé sur moi : la coach de Clairefontaine, le président de Saint-Étienne et là, l'entraîneur adjoint. En même temps, face à ces mentors, j'ai toujours été confrontée à des personnes qui doutaient, qui se montraient réticents et prudents. Finalement, cette adversité m'a aidée à devenir une nouvelle Kheira.

Ces quatre années à Paris m'ont métamorphosée en tant que joueuse et femme, pourtant je ressens une immense frustration de n'avoir rien gagné. Nous avons été quatre fois vice-championnes de France en 2013, 2014, 2015 et 2016, finalistes de la Ligue des champions en 2015, mais aucun trophée remporté. Je n'ai qu'un but aujourd'hui : gagner des titres. Il est temps de partir…

Olympique Lyonnais

En mai 2016, alors que je m'apprête à quitter le centre d'entraînement, la sonnerie de mon téléphone retentit. Un conseiller sportif assez bien implanté dans le milieu du football m'annonce que l'Olympique Lyonnais s'intéresse à moi.

« C'est une info du directeur sportif, me confirme-t-il.

— Woaw ! La plus grande équipe du championnat français ! Penses-tu qu'ils vont aller plus loin dans leur démarche ?

— Oui, j'en suis certain. Ils savent que Farid Benstiti t'a déjà contactée il y a quelques années quand il y était et que tu avais refusé. Ils pensent que c'est pour toi le bon moment pour rejoindre ce club. Qu'en penses-tu ?

— Je ne peux être que flattée ! Laisse-moi quelques jours et je te rappelle. »

Comment refuser une telle proposition alors que mon objectif principal est de gagner des titres ? Je suis convaincue qu'en acceptant de jouer à l'OL, je gravirai une marche supplémentaire dans ma carrière.

Je m'assois sur un banc, légèrement sonnée. La logique veut que je ne me pose aucune question et pourtant, je suis partagée. Je me sens si bien à Paris ! Je me suis construit une belle vie ici, tant professionnelle que personnelle. J'ai mon groupe d'amies, mes repères, mes restaurants attitrés. L'herbe sera-t-elle plus verte ailleurs ? Si je décide de rester à Paris, c'est parce que je m'y suis épanouie, mais suis-je certaine de gagner des titres dans ce club ? C'est tout de même ma priorité ! J'ai besoin de demander conseil à mes proches. Tous me poussent à accepter la proposition de l'OL. Je me trouve confrontée à un dilemme : soit je choisis la facilité en restant au PSG, avec la certitude de jouer quasiment tous les matchs, soit je pars dans un grand club avec le risque d'être remplaçante et d'avoir peu de temps de jeu. Je me laisse quelques jours de réflexion puis, un matin, je me réveille avec la conviction que je dois quitter le club parisien. Je n'ai jamais eu peur de prendre des risques dans ma vie, ce n'est pas aujourd'hui que je vais commencer. Je rappelle ce conseiller.

« J'accepte ! Peux-tu te charger de mon transfert ?

— Aucun problème. Je dois rappeler Vincent Ponsot, directeur général adjoint de l'OL, et je te tiens au courant. »

Entre-temps, je suis convoquée en équipe de France. Lors du stage à Clairefontaine, je fais la connaissance d'une jeune joueuse d'à peine dix-sept ans. C'est Amel Majri, notre amie commune, qui me la présente. Elle s'appelle Sakina Karchaoui. Chez cette petite brune, plus jeune que moi – six ans de moins – et que je dépasse de presque vingt centimètres, je décèle immédiatement une force immense. Amel nous présente :

« Voici Kheira !

— Bonjour ! » dit-elle timidement.

Je la sens impressionnée. C'est la première fois qu'elle accède à l'équipe de France et j'imagine ce qu'elle doit ressentir face à des joueuses déjà bien installées chez les Bleues.

« D'où viens-tu ? je lui demande pour engager la conversation.

— Je joue à Montpellier. »

Mes coéquipières se mêlent à la conversation. Sakina reste légèrement en retrait tout en répondant aux questions qu'on lui pose. Nous faisons plus ample connaissance au fil des jours et nous découvrons des points communs en dehors du foot. Elle est passionnée de mode, s'intéresse à la religion et, surtout, son parcours ressemble au mien. J'aborde le sujet, un soir après l'entraînement :

« Tu as toujours voulu devenir footballeuse ?

— Oui, à l'âge de sept ans, je jouais dehors avec mon grand frère. Avec ma meilleure amie qui aimait le foot, on regardait par la fenêtre les garçons jouer dans la rue et on se disait : pourquoi pas nous ?

— Je connais, dis-je avec un sourire attendri. Toi aussi tu étais obsédée par le foot, gamine ?

— Grave, me répond-elle dans un éclat de rire. J'avais tout le temps un ballon au pied, alors que mes copines jouaient à la poupée. »

Finalement, je n'étais pas seule. Il y avait quelque part sur terre un deuxième petit extraterrestre avec les mêmes difficultés et les mêmes rêves. Je crois qu'on va bien s'entendre toutes les deux ! Pourtant, nos liens ne dépasseront pas la relation professionnelle. Sakina considère ses coéquipières comme des collègues de travail et tient à garder une certaine distance avec ce milieu. Ses amies proches ne font pas partie de cet univers.

Par la suite, nous nous limiterons à prendre des nouvelles sur Snapchat, entre deux rassemblements en équipe de France.

Je la retrouve le 4 avril 2016, en sélection, lors d'un match contre l'Ukraine comptant pour les qualifications de l'Euro 2017.

Nous jouons au stade du Hainaut à Valenciennes. Plus de quinze mille spectateurs sont présents, parmi eux quelques amis proches et ma famille, sauf mon père, malade, qui est resté en Algérie. Dès que je foule la pelouse, je jette un œil vers les tribunes pour m'assurer qu'ils sont bien arrivés. Je les aperçois. Leur présence décuple ma motivation. Si seulement je pouvais marquer sous leurs yeux ! Un petit signe de la main et je cours me positionner sur le terrain. Le match commence. Je suis présente sur tous les ballons, les récupère, renverse le jeu grâce à mes transversales. Je suis milieu de terrain, mais j'attaque et défends. À la huitième minute, sur un corner tiré par Amel Majri, je me précipite sur le ballon et ouvre le score d'une tête rageuse. Tout en exprimant ma joie sur le terrain avec mes coéquipières, je tourne mon visage en direction des gradins et aperçois mes proches debout. Ma mère qui tient un petit drapeau français crie à gorge déployée. La fierté se lit dans son regard, même de loin. Ce but est probablement l'un des souvenirs les plus forts de ma carrière. Mon premier but en bleue, et devant ma famille !

Nous remportons ce match 4-0 et gagnons notre qualification pour le championnat d'Europe.

Tout au long de ces semaines, les transactions s'effectuent entre l'Olympique Lyonnais et le conseiller qui s'occupe ponctuellement de moi. Un accord est enfin trouvé entre les parties. En juillet 2016, je signe un contrat avec mon nouveau club. Dans la foulée, je reçois un long message écrit. Le numéro m'est inconnu, alors je commence à lire :

Bonjour Kheira,

Je suis vraiment heureux de ton arrivée car dès le début, j'avais souhaité que nous puissions t'intégrer dans la plus belle équipe que nous ayons jamais eue à Lyon… Et j'ai attendu la fin du championnat pour t'écrire…

Welcome in Lyon
Merci et bravo
Bises lyonnaises
JM Aulas

Jean-Michel Aulas ?

Cet homme est une sommité du football en France. Il est le président de l'Olympique Lyonnais depuis 1987. Il a d'ailleurs été classé meilleur président de l'histoire du foot français en 2021 par le célèbre magazine *France Football.* Mais surtout, il est le pionnier du foot féminin. Visionnaire en ce domaine, il a facilité l'accès au foot professionnel pour les femmes en allant chercher du soutien du côté de la FFF et de la FIFA. Après avoir insufflé cette vague féminine à Lyon, il continue sa mission en apportant d'importants moyens financiers aux clubs féminins, également à l'étranger. Il estime que les femmes possèdent des qualités que n'ont pas forcément les hommes. Cette conviction lui vient probablement de son enfance. Ses parents, tous deux enseignants, l'ont éduqué dans ce sens.

Quelques jours plus tard, j'arrive à Lyon. Je m'installe en périphérie de la ville, près du centre d'entraînement. La première fois que je m'y rends, je réalise que je joue dans la cour des grands. Je suis émerveillée par l'infrastructure. Aucune comparaison avec le PSG qui pourtant fait partie de l'élite du championnat. Je comprends mieux pourquoi les équipes masculine comme féminine surfent chaque année en haut du tableau. Le centre dispose d'une zone de balnéothérapie équipée d'une piscine, d'un couloir de marche et d'un bain froid, essentiel dans les programmes de récupération. Il comprend également un parcours de jogging, une piste de course et une zone réservée exclusivement à l'entraînement des gardiens. Même les médias disposent d'espaces dédiés pour les conférences de presse, une salle de travail pour les journalistes et un studio. Surtout, l'OL montre qu'il prend au sérieux le foot féminin. Nous bénéficions des mêmes avantages que l'équipe masculine car nous partageons le centre d'entraînement. Nous nous entraînons sur les mêmes terrains, déjeunons dans la même cafétéria. Nous participons tous ensemble à des actions caritatives, comme la visite des enfants malades dans les hôpitaux. Aucun club jusqu'à présent n'a eu l'idée de réunir les joueurs et les joueuses au même endroit. Jean-Michel Aulas l'a fait pour montrer l'égalité entre l'équipe masculine et féminine. Cependant, nous ne nous fréquentons pas en dehors du terrain, ce qui ne nous empêche pas de suivre les matchs des garçons avec beaucoup d'attention.

Le 5 août 2016, je m'envole pour Rio avec l'équipe de France pour participer aux Jeux olympiques. L'aventure aurait pu être inoubliable, mais notre parcours s'arrête en quarts de finale par une défaite contre le Canada, 1-0. Je suis heureuse de retrouver Amel et Sakina. Cette dernière se sent plus à l'aise parmi nous et sa personnalité se révèle : drôle, enthousiaste et surtout très taquine. Un jour, alors que je fais ma prière dans la chambre, Sakina et Amel ouvrent la porte et entrent. Je porte une sorte de voile au-dessus de ma tête qui, en raison du volume de mes cheveux, semble très haut par rapport à mon visage. Lorsqu'elles me voient ainsi, mes deux coéquipières partent d'un fou rire que rien ne peut arrêter.

« Tout va bien, Patoche ? » me lance Sakina, des larmes de rire dans les yeux.

Patoche, en référence à Patrick dans le dessin animé *Bob l'éponge*, à cause de sa tête anormalement allongée. Folle de rage, je leur ordonne de sortir et claque la porte. Mais comment lui en vouloir longtemps ?

Je me comporte avec Sakina comme une grande sœur. Je l'encourage, la pousse à se dépasser, lui donne des conseils sur son jeu. Dès que je la sens douter, je la rebooste et choisis mes mots pour lui donner confiance en elle. J'aurai longtemps ce rôle-là auprès d'elle.

Août 2016, retour à l'Olympique Lyonnais. Le club nourrit de grandes ambitions pour cette saison qui joue sur tous les fronts : championnat de France, Coupe de France et Ligue des champions. Cette dernière compétition représente de loin la plus prestigieuse d'entre toutes. Elle est organisée par l'UEFA – l'Union des associations européennes de football – et regroupe les meilleurs clubs d'Europe. L'Olympique Lyonnais l'a déjà remportée à trois reprises, en 2011, 2012 et 2016, et ne compte pas s'arrêter en si bon chemin.

Dans cet objectif, les plus grandes footballeuses françaises et internationales font partie de l'équipe : Wendie Renard, Delphine Cascarino, Eugénie Le Sommer, Kenza Dali, également joueuses chez les

Bleues. Jessica Houara, ma protectrice à l'époque stéphanoise, a rejoint le club. Pour renforcer le groupe, Jean-Michel Aulas annonce le recrutement de la grande star américaine du football, Alex Morgan, en janvier 2017. Âgée de vingt-sept ans, elle est surnommée la « David Beckham au féminin ». Je crains de ne pas trouver ma place parmi toutes ces stars. Dès les premières semaines, mes craintes se confirment. Je peine à m'imposer dans le onze de départ et, par conséquent, perds progressivement mon statut d'internationale. Le coach, Gérard Prêcheur, ne compte guère sur moi pour les matchs importants. Comme je le redoutais, je suis davantage sur le banc que sur le terrain. J'ai beau travailler avec acharnement, montrer que j'ai les capacités et le talent pour me mesurer aux filles, rien n'y fait. Comme on dit dans notre jargon, je cire le banc la plupart du temps. Une seule apparition en Ligue des champions et seulement quatorze matchs joués cette saison en championnat pour trois buts inscrits. Dans ces moments-là, le mental joue un rôle essentiel : il faut ne jamais lâcher, ne pas se décourager et garder confiance en soi. Et surtout, continuer à travailler. Ce que je fais. Quelques années plus tôt, je me sentais humiliée de jouer les doublures, aujourd'hui, je me dis tout simplement qu'il faut respecter les choix du coach. Je fais mon chemin. Sur le banc, j'apprends l'humilité. J'apprends à observer. À sentir ma chance.

Et donc à mieux la saisir. Je ne doute pas de moi pour autant. Je me rebelle non pas verbalement, mais sur le terrain. Je suis convaincue que mon travail finira par payer.

Il me reste un an de contrat avec l'Olympique Lyonnais et je dois anticiper l'avenir. Lors d'une discussion avec un ami journaliste, ce dernier aborde un sujet qui me trotte dans la tête depuis un certain temps :

« Kheira, je sais que tu es en contact avec un conseiller, mais il serait peut-être temps de prendre un agent pour gérer ta carrière et tes contrats.

— Tu crois ?

— Oui, c'est évident. Je connais deux personnes en qui j'ai confiance. J'aimerais te les présenter. Contacte-les de ma part. Ils s'appellent Patrick Esteves et Sonia Souid. Ce sont deux agents très sérieux. »

Mon ami a raison. Je commence à gagner très bien ma vie et il serait plus prudent que je sois encadrée et protégée par des professionnels du métier. J'accepte donc d'entrer en contact avec eux.

Patrick et Sonia se rencontrent en 2010 – quelques mois après que Sonia a obtenu sa licence d'agent – par l'intermédiaire de Bertrand Benoît, feu le président du club d'Istres. Par curiosité, Patrick consulte la page Facebook de Sonia et croit à une arnaque. Qui est cette fille à l'allure de mannequin qui se prend pour un agent ? Mais il se rend rapidement à l'évidence, c'est une vraie pro, passionnée par son métier, ce qui ne gâche rien. En avril 2013, l'opportunité leur est offerte d'entrer dans le quatrième groupe mondial CSM Sport & Entertainment, dont l'activité principale est l'accompagnement et la gestion des sportifs et des athlètes en général. Ils deviennent alors codirigeants du département football en France.

Sonia se bat pour promouvoir le foot féminin, c'est son cheval de bataille, alors que Patrick ne s'y est jamais vraiment intéressé. Pour le convaincre, elle lui propose d'assister à un match. Malgré une prestation assez médiocre des joueuses sur le terrain ce soir-là, Patrick fait preuve d'ouverture d'esprit et décide de faire confiance à Sonia.

« Soyons visionnaires », lui dit-il.

À la suite de nombreux brainstormings en présence de Samy, le frère de Sonia, qui a rejoint la société en avril 2013, ils décident de taper un grand coup en proposant une femme à un poste d'entraîneur d'une équipe professionnelle masculine. Pour éviter que leur projet ne fuite dans la presse, ils sondent en toute discrétion Bruno Allègre, le président du club de Châteauroux, et Claude Michy, le président du Clermont Foot, afin de recueillir leur avis. Ce dernier, enthousiasmé par l'idée, concrétise leur projet. Le 30 juin 2014, Corinne Diacre, ex-sélectionneuse de l'équipe de

France, est nommée pour entraîner l'équipe masculine de Clermont-Ferrand qui évolue en Ligue 2. Une belle victoire pour le duo. Depuis, ils ont fait signer de nombreux joueurs et joueuses dans de grands clubs. Bien que Sonia soit davantage portée sur le foot féminin, ils se partagent équitablement les tâches. Je sais qu'ils travaillent au feeling et j'espère vraiment qu'il passera entre nous.

J'ignore les échos qui leur sont parvenus me concernant. Ont-ils eux aussi des idées toutes faites ? M'apprécient-ils en tant que footballeuse ? M'ont-ils déjà vue jouer ? Avant de me rendre à ce rendez-vous, je fais quelques recherches sur Internet. Je trouve beaucoup d'articles sur Sonia et en déduis qu'elle ne doit pas être du genre à se laisser influencer par le qu'en-dira-t-on, car elle aussi est régulièrement victime de rumeurs. Le monde du football ne l'épargne pas en raison de son passé d'ancienne Miss et de son physique avantageux. Les mauvaises langues l'accusent de ne rien connaître au football, évoquent une caméra cachée lorsqu'elle déboule dans un club. C'est la raison pour laquelle elle refuse de faire partie du lot de ceux qui portent des jugements a priori. Elle veut se faire sa propre opinion avant de prendre une décision. Une chance pour moi !

À l'été 2017, le rendez-vous est donc fixé dans leurs bureaux du seizième arrondissement de Paris, face au Parc des Princes.

Je suis intimidée de me retrouver face à eux. Ils m'accueillent chaleureusement et m'invitent à prendre place sur le canapé. J'observe Sonia. Je comprends mieux à présent les problèmes qu'elle peut rencontrer dans le cadre de son métier d'agent. Elle est grande, mince et, en effet, très jolie. Je sais combien, dans ce monde, tout ce qui a trait à la beauté d'une femme peut se retourner contre elle-même. Sonia ne tient pas compte des ragots. Elle sait que si elle en est là aujourd'hui, c'est grâce à ses compétences professionnelles. Le reste lui importe peu. D'emblée, je remarque que le duo se complète parfaitement. Patrick se tient en retrait, bien au fond de sa chaise, comme pour s'assurer d'une vue d'ensemble. Il m'observe. Il paraît plutôt réservé, alors que Sonia est très souriante et avenante. Je les remercie de m'accueillir si rapidement. Je me demande ce qu'ils pensent de moi au premier abord. Sonia m'avouera plus tard avoir été impressionnée par ma taille et ma chevelure, comme si le physique avait su verbaliser cette force en moi. Elle s'attendait également à rencontrer une fille hautaine et avait été surprise, je la cite, « par ma timidité, mon humilité et ma politesse ». Elle a ajouté avoir très vite senti « mon humanité et mon exigence ». Ils entrent rapidement dans le vif du sujet :

« Pourquoi voulez-vous un agent ? Qu'attendez-vous de nous ?

— Il me semble dangereux aujourd'hui de négocier mes contrats dans mon coin. J'ai envie d'avancer, de progresser dans ma carrière. Je suis sollicitée par des clubs et j'avoue ne pas avoir les compétences pour me débrouiller seule. En fait, j'ai besoin d'être encadrée juridiquement et sportivement par des professionnels. »

La franchise de Sonia me plaît.

« Je voudrais juste que l'on soit au point sur une chose. Nous ne sommes pas des baby-sitters, annonce-t-elle. Cela signifie que nous ne sommes pas présents à tous les matchs. D'une part, parce que nous avons beaucoup de travail, et d'autre part, nous considérons que ce n'est pas le lieu où nous sommes les plus efficaces.

— Vous n'assisterez à aucun match ? je lui demande, un peu inquiète.

— Bien sûr que si ! rectifie-t-elle. Je n'ai pas dit ça. Nous ferons en sorte d'être présents lors de matchs importants, mais notre métier consiste avant tout à discuter avec les directeurs sportifs, les managers de club et les entraîneurs. Kheira, la vérité est que sur le terrain, vous n'avez besoin de personne. C'est entre vos mains… ou plutôt vos pieds. Notre rôle, c'est tout ce travail en coulisses. De garantir que le jeu incroyable dont vous êtes capable sur la pelouse ne soit pas floué par des intérêts secondaires.

— C'est-à-dire ?

— Notre rôle est de promouvoir votre profil dans les meilleurs clubs, négocier pour vous les meilleurs contrats possibles et vous accompagner dans l'accomplissement de votre carrière. L'objectif est que vous progressiez financièrement et sportivement saison après saison. De plus, si vous avez besoin de nous, nous nous engageons à rester à vos côtés pour les bons et les mauvais moments. »

La discussion prend une tournure plus légère. Après plus d'une heure d'entretien, je prends congé de Sonia et Patrick, je me sens en confiance. Je marche tout en réfléchissant. Je suis séduite pas ces agents et espère qu'ils me donneront une réponse favorable. Quelques jours plus tard, Sonia m'appelle :

« Bonjour Kheira, je ne sais pas où en est votre réflexion, mais en ce qui nous concerne, nous serions ravis de vous accueillir dans notre écurie. »

Ce qu'elle appelle son écurie, ce sont ses clients et clientes : Delphine Cascarino, sa sœur Estelle qui joue à Juvisy, Amandine Henry, une internationale française partie tenter l'expérience américaine au club Portland Thorns, Patrice Lair, entraîneur de l'OL puis du PSG féminin, et Gérard Prêcheur, mon entraîneur actuel à Lyon, puis au PSG quelques années plus tard.

Sonia enregistre auprès de la Fédération française de football le mandat qui officialise notre collaboration. Un mandat exclusif d'une durée de deux ans qui lui permettra de me représenter dans le monde entier.

L'aventure démarre.

L'année 2017, Gérard Prêcheur, notre entraîneur, quitte l'OL pour entraîner une équipe chinoise, le Jiangsu Suning FC. Il sera d'ailleurs élu en fin de saison meilleur entraîneur de Division 1 par la fédération chinoise. Il est remplacé par Reynald Pedros, un ancien footballeur français. D'origine espagnole, il a joué au FC Nantes au sein d'une équipe particulièrement talentueuse qui l'a mené pendant plusieurs saisons en équipe de France. C'est donc une pointure du football français. Lui non plus ne croit pas vraiment en moi et j'ai le sentiment qu'il œuvre pour que je parte, alors que je veux rester. J'avoue être démoralisée, mais ne me résigne pas. Je m'accroche, travaille comme une brute. Chaque jour, je lui montre ma motivation et ma rage aux entraînements, une rage qui dit : *même si tu ne veux pas me faire jouer, je veux quand même que tu saches que je ferai tout pour te convaincre.*

Reynald semble attentif à mes efforts sur le terrain et en dehors. Il commence par me faire entrer en fin de rencontre, puis m'offre un peu plus de temps de jeu. Chaque fois, je me dépasse et donne le meilleur de moi-même. Convaincu par mes prestations, il finit par me donner ma chance sur la plupart des matchs.

Je commence enfin à me sentir bien, d'autant plus que j'ai lié des amitiés très fortes avec certaines joueuses comme l'attaquante Delphine Cascarino, une Lyonnaise dans l'âme. Elle a intégré les équipes jeunes de l'OL en 2009 et n'a plus jamais quitté ce club. Depuis 2012, elle joue en équipe de France. Elle a commencé par les moins de seize ans, puis dix-sept ans, dix-neuf ans, vingt ans. Aujourd'hui, elle joue en équipe A.

Quant à Amel Majri, née en 1993, elle est d'origine tunisienne et a déménagé en France à l'âge de un an avec sa mère et sa sœur jumelle pour s'installer aux quartiers des Minguettes dans la banlieue lyonnaise. Elle joue à l'OL depuis 2010 et n'a jamais souhaité changer de club. En janvier 2022, Amel annonce sa grossesse et accouche de la petite Maryam. Elle deviendra la première joueuse internationale française à devenir mère au cours de sa carrière. C'est dire le tabou autour de cette condition…

Entre-temps, Gianni Infantino, le président de la FIFA, a instauré des mesures pour protéger les footballeuses enceintes. Désormais, chacune a droit à un congé maternité de quatorze semaines – dont huit après la naissance de l'enfant – pendant lequel les deux tiers de son salaire continuent de lui être versés. Après son congé maternité, le club devra réintégrer la joueuse, lui fournir un suivi médical adapté, et mettre à disposition des installations pour qu'elle puisse allaiter le nourrisson et/ou tirer son lait. Enfin, la FIFA a averti les clubs qu'ils risquent de verser des dommages et intérêts, d'écoper de sanctions sportives et même d'amendes s'ils résilient le contrat d'une joueuse pendant la grossesse. Pourtant, six mois après cette annonce, le monde du foot féminin ne constate pas de vrais changements, la grossesse n'étant toujours pas mentionnée dans les contrats des joueuses.

Entre Amel et moi, c'est un coup de foudre amical. Nous arrivons la même année chez les Bleues lors du tournoi de Chypre en 2014. Par un pur hasard, nous sommes amenées à partager la même chambre. Je découvre cette joueuse au visage rieur et avenant. Dès les premiers mots échangés, le courant passe. La discussion est fluide. Nous nous retrouvons sur une passion commune : la nourriture. Comme moi, elle est gourmande et épicurienne. Je sais que cette fille deviendra une amie, je n'ai aucun doute. Amel est humble, généreuse et trouve toujours les mots justes quelles que soient les situations. Notre complicité s'est construite au fil du temps. Aujourd'hui, nous n'avons pas besoin de nous parler pour nous comprendre, un seul regard suffit. Nous partageons toujours la même chambre lors des tournois ou rassemblements en équipe de France, nous nous asseyons systématiquement l'une à côté de l'autre dans le bus. Nos vies sont radicalement différentes, elle est mariée, mère de famille, je suis célibataire, et pourtant nous savons que nous pouvons compter l'une sur l'autre.

À l'Olympique Lyonnais, nous formons un sacré groupe que nous avons surnommé *The Crew*. Pourquoi ce nom ? Je ne me souviens plus, mais la résonance du mot nous a bien plu.

En octobre 2017, nous rencontrons l'équipe de Bordeaux pour un match de championnat. Le coach me titularise. Là encore, je tiens à lui montrer qu'il a raison de compter sur moi. Je me positionne en milieu de terrain, puis à la dixième minute, je récupère le ballon et tire de près de quarante mètres. La gardienne bordelaise est battue par la puissance de ma frappe. Mon but est phénoménal. Comme l'a titré un quotidien : *À n'en pas douter, l'un des plus beaux buts de la saison en Division 1 féminine.* Je suis chaleureusement félicitée par mes coéquipières et mon coach à la fin du match. Quelques journalistes présents ce jour-là s'approchent de moi pour recueillir ma réaction.

« Kheira, pouvez-vous nous commenter votre but ?

— Le plus important n'est pas mon but, mais la victoire !

Mon avenir ne se profile pourtant pas sous les meilleurs auspices. Mes deux années à Lyon sont en dents de scie. Je continue de me battre pour gagner ma place, mais ne joue pas autant que je le souhaiterais. Sur le plan collectif, mon objectif est atteint au-delà de mes espérances puisqu'en 2017 nous réalisons le triplé : championnat de France, Coupe de France et Ligue des champions. Puis un doublé l'année suivante : championnat de France et Ligue des champions. Un carton plein. En deux ans, nous remportons cinq trophées. À titre personnel, mon bilan est mitigé : j'ai joué quarante et un matchs et marqué dix-sept buts.

FC Barcelone

J'arrive en fin de contrat avec l'Olympique Lyonnais. Après avoir remporté cinq titres, il est temps pour moi de passer à la vitesse supérieure. Aucune équipe française ne pourra m'apporter plus que ce que m'a apporté Lyon. Je dois quitter la France pour jouer dans un grand club. Et qui dit grand club, dit l'étranger. Je pense à l'Espagne, plus précisément au FC Barcelone. Le rêve ! La consécration ! Le Barça nourrit l'ambition de devenir l'une des plus grandes équipes d'Europe. Lorsque j'évoque cette idée avec Sonia et Patrick, ils m'annoncent que le club s'intéresserait également à moi.

« Ce sont juste des bruits qui circulent, je vais me renseigner », tempère Sonia.

Le lendemain, elle contacte le manager général, Markel Zubizarreta, le fils d'Andoni, un ancien international espagnol. Markel n'a pas fait une grande carrière dans le football. Il n'empêche qu'aujourd'hui, il fait partie des têtes pensantes du Barça. Il la rappelle quelques heures plus tard en lui confirmant son intérêt pour moi. La transaction s'effectue en deux mois à peine. En règle générale, les négociations financières et sportives prennent beaucoup de temps, chaque partie œuvre dans son intérêt en ajoutant ou en ôtant certaines clauses concernant les transferts, les primes de matchs, le rôle de la joueuse au sein de l'équipe, etc. Cette fois, il n'aura fallu que quelques rendez-vous entre mes agents et le club pour acter mon arrivée en Espagne.

En avril 2018, Sonia se rend sur place pour finaliser mon contrat avec Markel Zubizarreta et visiter dans la foulée les installations. À peine sortie de l'enceinte du centre, elle m'appelle pour m'annoncer la bonne nouvelle. Je suis heureuse et en même temps déstabilisée. J'annonce à mes coéquipières que je vais probablement les quitter.

« Que pensez-vous de mon choix ? Je suis un peu perdue.

— Mais tu es sérieuse ? Comment peux-tu hésiter ? Vas-y, fonce ! C'est la chance de ta vie ! » me lance Amel Majri.

Son avis compte.

« Amel a raison, renchérit Delphine Cascarino.

— Vous dites ça et en même temps, vous n'avez jamais changé de club. Pourquoi devrais-je partir ?

— Nous sommes titulaires indiscutables ici, m'explique Delphine. Cela assure notre sélection en équipe de France. Ce qui n'a pas toujours été le cas pour toi cette année. Va te frotter à d'autres équipes, te mettre en danger pour confirmer ton statut de joueuse internationale.

— Au Barça, tu vas inévitablement franchir une étape supérieure. Et puis, ce n'est pas rien comme équipe », conclut Amel.

Quelques jours avant de m'envoler vers l'Espagne pour la signature, une surprise m'attend. Je rentre chez moi, mes coéquipières lyonnaises sont là. J'aperçois un énorme paquet qui trône au centre de la table du salon. La boîte est si volumineuse que j'imagine une pièce montée. Je soulève le couvercle et me retrouve face à un énorme gâteau en forme de maillot, aux couleurs du FC Barcelone, bleu, grenat et marron. Les initiales de mon nom sont inscrites au-dessus. Une bouffée d'émotion me submerge. Comme à chaque fois, je suis partagée entre la joie de partir et la tristesse de quitter mes proches.

À l'âge où certaines femmes se marient et ont des enfants, je sais que je mène une vie à contretemps, que je me bats pour un autre destin. Je réalise que ma vie se résume à une succession de départs, de renoncements et de recommencements. Repartir à zéro dans une nouvelle ville ou un nouveau pays, quitter un club pour m'adapter à un autre, me séparer des gens que j'aime, recréer un nouvel environnement social, oui, c'est l'histoire de ma vie… Cette vie de footballeuse, avec ces contrats de quelques années à peine, ce découpage en saisons, ne laisse pas de place au temps long. Je mesure la difficulté de ne jamais s'enraciner, d'être une espèce d'oiseau toujours en voltige, ou un loup solitaire, allant de meute en meute sans pouvoir s'attacher. Pourtant, chaque personne ayant traversé ma route pour y laisser un mot, un sourire, un encouragement s'incruste dans ma mémoire. J'embrasse tour à tour Delphine, Amel et toutes les autres présentes ce soir-là en les remerciant du fond du cœur pour leur attention. Je sais qu'elles aussi vivent ce que je vis, même si nous n'en parlons pas.

À la descente de l'avion à Barcelone, une vague de chaleur nous envahit, mes agents et moi. Le ciel est bleu azur, j'aperçois quelques palmiers au loin. Je pressens que le changement de vie sera radical. Un taxi nous emmène à la Masia – le mas en catalan –, le centre de formation du Barça, un complexe ultramoderne où tous les sports sont réunis. Le site est grandiose, j'entre à présent dans une véritable institution. Le FC Barcelone féminin jouit déjà d'une réputation prestigieuse, mais le club a lancé une campagne européenne pour la Champions League – la Ligue des champions –, un trophée que le club n'a pas encore décroché.

Les dirigeants nous attendent à l'entrée. Ils m'accueillent avec les honneurs. Je suis aux anges, mes agents aussi. L'emploi du temps est millimétré, je passe la visite médicale obligatoire pour toute joueuse qui entre dans un nouveau club, puis rejoins le staff espagnol et mes agents pour signer mon contrat. Nous faisons le tour du site, les médias nous suivent pas à pas. Les caméras sont braquées sur moi et les flashs crépitent. Les souvenirs de mon premier stage à Clairefontaine resurgissent. Je me souviens lorsque je m'imaginais descendre les marches pour me rendre sur le terrain, suivie par une horde de journalistes. Aujourd'hui, ce rêve est devenu une réalité, pourtant cette médiatisation n'a plus vraiment de sens pour moi. Je suis devenue footballeuse pour vivre de ma passion et non pour être célèbre. Je sais cependant que les médias feront à présent partie de ma vie. Je l'accepte. Je me plie ensuite au rituel du maillot avec lequel je pose devant les photographes. Un journaliste s'approche de moi et me tend le micro.

« Quels sont vos objectifs ?

— Gagner la Ligue des champions avec Barcelone !

— Ne dites surtout pas ça, c'est trop ambitieux ! » me répond le reporter en esquissant un sourire.

Je ne prête pas attention à sa réflexion, je suis venue ici pour gagner cette coupe et je la gagnerai !

Après une journée chargée en émotions, nous rentrons à l'hôtel pour repartir aussi vite dîner avec le manager général, Zubizarreta. Ses propos ne laissent aucun doute sur les objectifs du club :

« Dans les trois années qui viennent, nous voulons réaliser le triplé : gagner la Liga – le championnat espagnol –, la Coupe d'Espagne, appelée la Copa de la Reina – une compétition à élimination directe organisée annuellement par la Fédération royale espagnole de football –, et la tant convoitée Ligue des champions. »

Je bois ses paroles, il poursuit :

« Nous comptons investir beaucoup d'argent dans la section féminine pour devenir la référence européenne. »

Je réalise à présent que j'arrive au sommet de ma carrière, à moi de prouver que je suis à la hauteur de mes ambitions.

Le premier mois, je m'installe à l'hôtel avant de dénicher un très bel appartement dans le centre de Barcelone. L'adaptation n'est pas évidente, car mon équipe est composée essentiellement de joueuses catalanes. Il faut savoir que les Catalans ne se considèrent pas comme des Espagnols. Mes coéquipières vivent en clan, elles n'intègrent pas facilement les étrangers. D'ailleurs, la plupart des joueuses arrivant d'autres pays souffrent de cette exclusion. Il est hors de question que je me retrouve à l'écart du groupe. Je décide alors d'apprendre l'espagnol et force un peu le passage en me mêlant à leurs conversations. Je me montre sympathique, sociable, positive et, très rapidement, je suis acceptée au sein de leur groupe. Nous ne sommes pas amies, mais l'entente entre nous est parfaite.

Je m'adapte facilement au jeu espagnol, beaucoup plus technique que le jeu français qui est porté davantage sur le physique. Je suis agréablement surprise par le nombre de spectateurs dans les tribunes. Je sais qu'en Espagne le football est une religion. Il y est davantage un enjeu de culture, d'identité nationale, que de pouvoir. J'ai l'impression que les Espagnols, contrairement aux Français, ne font pas de différence entre le foot féminin et masculin, mais ma vision est faussée. Comme en France avec le PSG et l'OL, les Espagnols ne se déplacent que pour assister aux matchs de grandes équipes féminines comme l'Atlético Madrid, le Real Madrid et le FC Barcelone. Les autres clubs ne drainent pas les foules, loin de là. Voilà pourquoi le jour du match contre l'Atlético Madrid – principal rival du FC Barcelone –, soixante mille spectateurs sont présents dans les tribunes. Du jamais vu !

Nous sommes en août 2018. La saison va bientôt reprendre. Nous profitons de la chaleur pour nous baigner et dîner en terrasse. La vie est douce ici. Je songe que, pour la première fois, je ressens une forme d'accomplissement qui me laisse en paix.

Vers 14 h, je reçois un appel de ma mère.

« Bonjour ma fille, comment vas-tu ?

— Très bien, maman. Et toi ?

— Ça va. Je voulais te dire que je vais venir te voir avec ton oncle.

— Quelle magnifique surprise ! »

Il n'était pourtant pas prévu qu'elle vienne de sitôt. Je m'en réjouis.

« Je suis trop contente ! Je vais vous faire découvrir de superbes endroits ! Vous arrivez quand ?

— Ce soir, répond ma mère. »

Je raccroche folle de joie et, déjà, je réserve la visite de la Sagrada Familia, du Parc Güell avec sa somptueuse mosaïque et les meilleurs restaurants à tapas. Ce sera magique. Quel bonheur qu'elle ait pu se libérer si vite.

Je trépigne toute la journée, surexcitée à l'idée de voir ma famille. Ma mère et mon oncle arrivent aux alentours de 19 h. Je leur saute dans les bras et, sans leur laisser le temps de s'exprimer, leur propose de prendre ma voiture pour dîner dans un bon restaurant. Je ne sens aucun enthousiasme de leur part. Ma mère a les traits tirés, elle fait une drôle de tête. Elle vient de passer une semaine en cure thermale, elle devrait être reposée. Je m'interroge car elle n'est pas le genre de femme à se négliger. Ce n'est pas normal.

« Maman, c'est quoi cette tête ? Pourquoi tu as les cheveux en pétard ? Ça ne te ressemble pas ! »

Elle me regarde sans dire un mot. J'insiste.

« Allez, on va dîner ? »

Ma mère se rapproche de moi et, d'un ton grave, me dit :

« J'ai une mauvaise nouvelle à t'annoncer. »

Je suis à des années-lumière d'imaginer ce qu'elle s'apprête à me révéler. Elle garde le silence, baisse le regard, me prend par les épaules.

« Qu'est-ce qu'il se passe ?

— Ton père est mort, Kheira. »

Je la regarde sans avoir la capacité de réagir ni de sortir un mot de ma bouche.

« Ton père est mort », me répète-t-elle.

Je n'arrive toujours pas à intégrer la phrase qu'elle prononce. C'est hors de la réalité. C'est de l'ordre de l'impensable pour la petite fille en moi. Cette enfant qui tirait la manche de son père pour lever la punition donnée par maman, cette enfant-là ne sait pas que la mort emporte tout un jour. Et à vingt-sept ans, dans la douceur de ce matin barcelonais, je ne suis rien d'autre que cette petite fille.

Pourtant, le visage de ma mère reste figé. Brisé. Ses yeux fixés sur moi sont implorants. Je réalise ce que je viens d'entendre. Je m'écroule à terre, pleure, hurle. Une voiture de police qui passe par là au même moment ralentit sa course, alertée par les cris. Ma mère me relève et tente de me calmer en me prenant dans ses bras. Je me dégage violemment de son étreinte, traverse la rue, et je ne sais pourquoi, m'accroche à un grillage en laissant libre cours à ma douleur. J'ai besoin d'être tenue.

Je n'étais pas préparée à cette horrible nouvelle. Mon père avait soixante-dix-sept ans, il était malade, souffrait de la maladie de Parkinson, mais je n'avais pas pris la mesure de la gravité de son état. Cela faisait plus d'un mois que je n'avais pas eu de ses nouvelles, alors qu'habituellement, nous nous parlions au moins une fois par semaine. Je m'inquiétais. Lorsque j'essayais de le joindre, on me répondait qu'il se reposait. Je pense que ma famille a voulu me protéger en ne me révélant pas la vérité. Je n'aurais jamais imaginé qu'il partirait si vite. Il nous a quittés sans faire de bruit, discrètement, comme on ferme silencieusement une porte pour ne réveiller personne. Il a été dans la mort le même qu'il était dans la vie : une ombre qui m'échappait.

Il y a tant de choses que j'aurais voulu lui dire.

Mes agents et mes amies, prévenus avant moi par ma mère, m'inondent de messages de soutien. Je les parcours sans vraiment les lire. Le club m'autorise à m'absenter quelques jours. Je monte dans ma chambre préparer ma valise. Je suis en état de sidération. Je ne parviens pas à réaliser que je n'ai plus de papa, que je ne le reverrai plus jamais. Les questions se bousculent dans ma tête. Comment vais-je réussir à vivre maintenant ? Jamais je n'avais ressenti une telle douleur. Je n'ai même pas eu la possibilité de lui dire au revoir… A-t-il souffert ? Était-il entouré quand il est parti ? Quels ont été ses derniers mots, ses dernières pensées ? J'ai le sentiment que je ne me remettrai jamais de sa disparition.

Je descends dans le hall de l'hôtel, je croise le regard de ma mère. Il ne me reste qu'elle à présent. Nous reprenons la voiture en direction de Perpignan, où vit mon oncle. Je suis inconsolable et sanglote durant tout le trajet. Le reste de ma famille nous rejoint le lendemain. Je cherche désespérément des billets d'avion pour Alger, je tiens à voir le visage de mon père avant qu'il ne soit enterré. Hélas, nous sommes en plein mois d'août et l'inhumation doit avoir lieu dans la journée. Je m'acharne à trouver des places pour ma famille et moi, je suis prête à dépenser le prix qu'il faudra, mais je veux absolument le voir et assister à son départ. Constatant qu'aucun billet n'est disponible dans la journée, j'appelle les autorités algériennes et les supplie de retarder la date de l'enterrement de mon père. Impossible d'attendre, il fait trop chaud pour conserver le corps. Je ne peux pas croire qu'une histoire d'avion m'empêchera de le voir une dernière fois. Pourtant, je dois me résigner.

Je finis par trouver des places le surlendemain. C'est la première fois que je me rends là où vivait mon père. Il a fallu attendre sa mort pour que je découvre sa vie en dehors de nous. Le village s'appelle Tigzirt, une commune de Tizi Ouzou, ville côtière de Kabylie en Algérie, nichée entre mer et montagnes. Je suis émerveillée par la beauté des paysages naturels de cette région. Je remarque au loin des vestiges de la cité romaine, des bâtiments dressés et des champs de ruines encore présents. Le paysage est lunaire. La température avoisine les quarante degrés. Ma mère, mon frère Sofiane et moi marchons côte à côte en direction du cimetière. Le reste de la famille nous suit à quelques mètres. Une personne d'un certain âge nous reçoit à l'entrée et nous indique l'emplacement. Pas de stèle, juste quelques grosses pierres. Le nom de mon père n'est pas encore inscrit. Je reste figé, j'ai du mal à réaliser ce que je vois, puis m'effondre dans les bras de ma mère. Mon oncle s'approche de nous et nous enlace tendrement. Nous nous recueillons dans le silence. Je regarde ma mère du coin de l'œil. À quoi pense-t-elle ? Ressent-elle de la peine ? Comme à son habitude, elle ne laisse rien paraître de ses émotions.

« On y va, Kheira ? me demande mon oncle, nous sommes attendus chez ta famille paternelle. »

Ma famille paternelle ? Je ne les connais même pas. Nous sommes accueillis par une femme qui nous invite à entrer. L'intérieur de la maison est modeste, je n'y verrai que la pièce principale. Un homme s'approche et nous salue. J'imagine que c'est le fils de mon père. Quelle drôle de sensation de me retrouver face à lui. Il est mon demi-frère, je suis sa demi-sœur, pourtant, nous nous adressons l'un à l'autre comme des étrangers. Les autres enfants de mon père sont absents. Son épouse aussi. Ont-ils refusé de nous connaître ? Je ne le saurai jamais. Une vingtaine de personnes sont présentes. Des hommes récitent des prières pendant que les femmes préparent le repas. J'apprends qu'il s'agit de voisins venus soutenir et aider la famille endeuillée, une coutume très répandue ici. Je découvre avec stupéfaction que plus de six cents personnes ont assisté à l'enterrement de mon père. On m'explique qu'en dehors de sa famille élargie – neveux, nièces, cousins, cousines –, tous les habitants du village se sont joints au cortège. Je ne pose aucune question et me contente de rester près de ma mère et mes frères. Silencieuse. Deux heures plus tard, nous prenons poliment congé pour repartir à l'aéroport.

Un immense chagrin m'envahit quand je pense à lui. Il m'a fallu de longues semaines pour réaliser qu'il était parti. De longues semaines de larmes avant de relever la tête. Avec le temps et le soutien de mes proches, la peine s'estompe. On l'anesthésie en restant dans l'action.

Je reprends ma vie là où je l'ai laissée. Dès ma première année au FC Barcelone, je propulse mon équipe en demi-finale de la Ligue des champions en marquant l'unique but de la rencontre contre le Bayern de Munich. Hélas, au cours du match, j'écope d'un carton rouge pour avoir mis un coup d'épaule accidentel à une adversaire. Ma stature me joue parfois des tours, surtout face à de petits gabarits ! Cette sanction me prive de jouer la finale à Budapest.

Le 18 mai 2019, nous prenons l'avion pour la capitale hongroise. Nous sommes à quelques heures du match, à quatre-vingt-dix minutes du graal peut-être. La perspective de rester sur le banc et de ne pas participer activement à une éventuelle victoire me gâche le plaisir. Je me ressaisis et me dis qu'à ma manière je me rendrai utile en encourageant mes coéquipières. La pression est importante car, en cette fin de saison, nous sommes secondes du championnat espagnol et avons été éliminées en demi-finale de la Coupe d'Espagne. Si nous échouons sur la dernière marche, nous terminerons sans le moindre trophée. Coup du destin, cet adversaire qu'il nous faut affronter, c'est l'Olympique Lyonnais, ce club qui m'a forgée, qui m'a propulsée. L'élève contre le maître.

Nous arrivons au stade puis nous engouffrons dans les vestiaires. Le coach tarde à s'exprimer pour nous laisser le temps de nous préparer. Après la causerie habituelle, nous sortons sur le terrain où les Lyonnaises s'échauffent déjà. J'aperçois de loin mes anciennes coéquipières avec lesquelles je suis toujours en contact : Amandine Henry, Amel Majri, Wendie Renard, Delphine Cascarino. Aujourd'hui, elles deviennent mes adversaires. Je n'aurai aucun scrupule à supporter mon club contre le leur. On m'a souvent demandé s'il n'était pas difficile d'affronter ses amies sur un terrain. Combien de joueurs ou joueuses se sont trouvés confrontés à cette situation ! Après une accolade en début de match, nous n'avons plus qu'une idée en tête : faire gagner notre équipe. Pendant quatre-vingt-dix minutes, l'amitié disparaît pour laisser place à l'esprit de compétition. Quelques minutes avant le match, nous

nous serrons dans les bras, puis chacune rejoint son camp.

Le match débute. D'entrée de jeu, mes coéquipières sont prises à la gorge par les Lyonnaises qui font preuve d'une justesse technique hors du commun. Je trépigne sur mon banc. Cette équipe est redoutable. Je crains le pire. À la cinquième minute, nous encaissons le premier but. À la quatorzième minute, la Norvégienne Ada Hegerberg plante le second et récidive cinq minutes plus tard. Nous sommes impuissantes face à ce raz-de-marée lyonnais. À la trentième minute, c'est le chaos, Ada signe un triplé en inscrivant le quatrième but. À la mi-temps, nous savons que le match est plié. Nous sommes obligées de sauver le peu d'honneur qu'il nous reste. Asisat Oshoala, entrée en cours de jeu, marque l'unique but barcelonais. L'arbitre siffle la fin de la rencontre. Lyon remporte son quatrième titre consécutif. Nous n'éprouvons aucun sentiment d'injustice, ni même de regrets tant l'écart entre les deux formations est grand. Une démonstration de force des joueuses lyonnaises contre lesquelles nous n'avons pu lutter. Avec ce triomphe, l'OL conforte donc sa place au sommet de l'Europe. Nous assistons dépitées à la remise de la coupe, témoins de la joie de nos adversaires. Le soir même, nous reprenons l'avion pour Barcelone. Une pensée me traverse l'esprit… Et si j'étais restée à l'OL ? Mais non, Kheira, reprends-toi ! Tu es partie pour te dépasser. Tu ne veux pas de victoire facile.

Ma persévérance est toutefois mise à rude épreuve. La saison 2018-2019 se solde par un échec sur toute la ligne puisque nous ne remportons aucun titre.

En décembre 2019, la Fédération espagnole de football annonce la création de la Supercoupe féminine qui qualifie les deux finalistes de la Coupe d'Espagne et les deux équipes les mieux classées du championnat. Nous entrons dans la compétition car nous sommes vice-championnes d'Espagne. Le 5 février 2020, nous battons notre rivale, l'Atlético Madrid, 3 à 2. Quatre jours plus tard, nous écrasons la Real Sociedad 10 buts à 1 grâce, entre autres, à un quadruplé de la défenseuse Marta Torrejón. Nous remportons le trophée. Il nous faut maintenant décrocher le titre de championne d'Espagne en mai 2020 et la Coupe d'Espagne.

Quelques jours plus tard, ce que nous appréhendions arrive. Le Covid-19 qui jusque-là nous semblait irréel et lointain s'abat sur le monde. Le coup de massue tombe lorsque nous apprenons que nous devons nous confiner. Plus de matchs, plus d'entraînements, plus de sorties. La vie s'arrête. La planète se fige. Le 6 mai 2020, la Fédération espagnole de football annonce l'arrêt définitif du championnat, suspendu à la vingt et unième journée en raison de la pandémie.

Je m'enferme chez moi. Je suis coupée de ma famille et de mes amis. Quand les reverrai-je ? Dieu merci, la visio, ce nouveau moyen de communication, existe. Avec sa culture du partage et de la fête, l'Espagne est l'un des pays les plus touchés par le virus, ma mère s'inquiète.

« Ne sors pas, ma fille, et quand tu vas faire les courses, lave-toi bien les mains en rentrant ! Tu dois même nettoyer les emballages !

— Ne t'inquiète pas, je ne prends aucun risque. »

Nous sommes tous en état de choc. Le nombre de morts augmente à une vitesse effrayante, les hôpitaux sont surchargés. De mon appartement, j'entends les sirènes des ambulances résonner dans cette ville dorénavant sans âme, sans bruit. Je ne dois pas me laisser submerger par la peur et surtout pas tomber dans l'inactivité. Pour nous maintenir en forme, les coachs établissent un programme quotidien – cardio et musculation – que je respecte à la lettre. Je ne dois pas perdre le rythme. Je profite de la salle de gym située au sous-sol de la résidence pour travailler. Le préparateur auquel j'ai fait appel lorsque je suis arrivée ici me coache de temps en temps. Une fois que la pandémie sera terminée, je me promets de revenir sans avoir pris la moindre masse graisseuse. Je ne lâche rien, je reviendrai au top !

Mes deux ans de contrat avec Barcelone prennent fin dans un mois. Où vais-je jouer l'an prochain ? Nous ignorons comment évolueront les choses. Le monde du foot est à l'arrêt, les transferts gelés. Aucune nouvelle du club ne nous parvient. Je reste cependant très sereine, j'ai cet avantage de ne pas me stresser. Je fais confiance à l'avenir. Sonia m'appelle.

« Plus je réfléchis, plus je me dis que tu ne dois prendre aucun risque, prévient-elle.

— Que veux-tu dire par là ?

— La période est très agitée et incertaine. Tu dois prolonger ton contrat au FC Barcelone d'une année supplémentaire.

— Crois-tu que c'est possible ?

— Oui, me répond Sonia d'une voix assurée. Nous avons déjà évoqué cette éventualité. »

Ses conseils me semblent cohérents.

Je renouvelle mon contrat pour un an avec le FC Barcelone.

Le temps passe lentement. La solitude commence à me peser. Chaque jour apporte son lot d'inquiétudes face à ce virus qui balaye tout sur son passage. Le gouvernement nous livre enfin des masques et du gel hydroalcoolique. L'Espagne est le premier pays à prendre le risque de rouvrir les restaurants. Nous sommes autorisés à sortir tout en restant prudents. Quel bonheur de retrouver un semblant de vie ! Je n'ai toujours pas la possibilité de revoir ma famille, alors je compense en recevant mes amis. Nous reprenons peu à peu nos habitudes.

Au mois de juin, le coach nous appelle pour nous annoncer la bonne nouvelle :

« Nous allons reprendre les entraînements, mais la saison est reportée à octobre. »

Nous devons absolument conserver notre titre de championnes d'Espagne !

Dès le 3 octobre, les matchs reprennent. Nous jouons sur tous les fronts : championnat, Coupe de la Reine et Ligue des Champions.

J'ai le sentiment que cette année, rien ne peut nous arrêter. Notre équipe est parfaitement huilée et, au fil des mois, notre motivation et notre rage de vaincre n'ont cessé de grandir.

En février 2021, je commence à réfléchir à mon avenir. Dans quatre mois, mon contrat avec le FC Barcelone arrive à échéance et je dois prendre une décision. Nous échangeons régulièrement avec mes agents sur le sujet. Mes relations avec Sonia ont changé. Elle représente aujourd'hui beaucoup plus qu'une relation professionnelle, elle fait partie de mes proches. Les événements – bons et moins bons – que j'ai traversés depuis que je suis ici nous ont rapprochées, notamment au moment de la mort de mon père. Elle a su trouver les mots pour m'apaiser et a pris de mes nouvelles chaque jour. Sonia s'est toujours montrée disponible pour m'écouter lorsque je doutais. Elle est la première à m'encourager, me redonner confiance en moi. Toujours de mon côté, inconditionnellement. Elle a respecté la promesse qu'elle m'avait faite la première fois que nous nous sommes rencontrées : *Nous serons présents jour et nuit si tu as besoin de nous, dans les bons comme dans les mauvais moments.* Elle a toujours été là, sans jamais faillir à ses engagements. Nous échangeons souvent sur notre vie, partageons des nouvelles de nos familles respectives, de son petit garçon dont elle accouche entre-temps.

Un matin, alors que nous sommes en pleine discussion téléphonique, je lui annonce :

« On va gagner la Ligue des champions ! Cette fois, je jouerai la finale et tu verras, j'en ai l'intuition, je partirai au PSG après.

— Tu as envie de revenir au PSG ? me demande Sonia, surprise.

— Oui, j'ai envie de rentrer en France, me rapprocher de ma famille. Elle me manque trop ! Tout ce qui s'est passé l'année dernière, mon père, le covid, la séparation avec mes proches, ça m'a fait voir l'essentiel. »

Des clubs espagnols, anglais, allemands et américains s'intéressent à moi, mais je ne veux rien entendre. Je sais que je reviendrai à Paris.

« Enfin, Kheira, rétorque Sonia, décontenancée par mes certitudes, je n'ai aucune piste avec le PSG ! Ils ne m'ont pas contactée. »

Cette intuition ne me lâche pas.

« Ne t'inquiète pas, il est inutile de chercher un club. Le PSG va changer d'entraîneur et ils t'appelleront. »

Je remarque bien qu'elle ne me prend pas au sérieux sans trop oser me le dire. Le PSG ne s'est pas manifesté. À cette période-là, affirmer avec autant d'assurance que je jouerai la Ligue des champions, que je la gagnerai puis que je signerai au PSG relève de l'irrationnel. Seule une boule de cristal pourrait éventuellement prédire un tel avenir.

Nous sommes pour l'instant loin de ces échéances. Les mois passent, je ne dispute pas tous les matchs car je souffre d'importantes douleurs au pubis. Est-ce pour cette raison que je ne suis pas appelée en équipe de France ? Je joue dans l'une des plus grandes équipes d'Europe, depuis mon passage à Lyon j'accumule les titres et, pourtant mes efforts demeurent vains, insuffisants. Je ronge mon frein, mais, comme à mon habitude, travaille sans me décourager.

Cette déception n'entame en rien ma motivation de gagner avec mon club. Notre équipe trace sa route. Le rythme est effréné, nous disputons des matchs tous les trois jours. Nous sommes qualifiées pour les quarts de finale de la Ligue des champions. Nous battons Manchester City et nous hissons en demi-finale contre le PSG, que nous éliminons également. Nous sommes à présent en finale de cette prestigieuse compétition face à l'équipe de Chelsea. Cette fois, nous ne devons pas laisser passer la victoire. C'est maintenant ou jamais ! Le jour du match, j'apprends que je fais partie du onze de départ, je suis titulaire. Une joie immense m'envahit. Dans cette finale sans club français – une première depuis 2014 –, je suis la seule représentante de mon pays. Mais aujourd'hui, je me sens espagnole jusqu'au bout des ongles et je compte tout donner pour aider mon équipe à décrocher le graal.

La rencontre se déroule à Göteborg, en Suède. Pas un spectateur dans les tribunes en raison du Covid. Nous jouons à huis clos. Comme face à Lyon, deux ans auparavant, le match est déséquilibré, sauf que cette fois, nous sommes du bon côté. Après vingt-six secondes de jeu, la numéro 22 du Barça fait trembler la barre transversale de Chelsea par un tir digne d'un Lionel Messi. Panique dans la défense anglaise qui tente de dégager le ballon, et à la trente-quatrième seconde à peine, Melanie Leupolz, dans une confusion totale, catapulte la balle dans son propre but : 1-0. Nous survolons la partie avec une aisance et une assurance déconcertantes. Nous pressons nos adversaires, étouffons leur jeu. Aucun ballon quasiment ne nous échappe, nos passes sont précises et incessantes. Nous ne crions pas victoire et restons concentrées. Moins d'un quart d'heure plus tard, nous inscrivons le second but sur penalty, puis le troisième à la vingtième minute et le quatrième à la trente-sixième. À la pause, nous menons 4-0 face aux Anglaises. L'ambiance dans les vestiaires est loin d'être euphorique. Luis Cortes, notre coach, prend la parole pour nous féliciter en nous mettant toutefois en garde :

« Vous venez de réaliser un exploit face à cette équipe de Chelsea, mais le match n'est pas terminé, il reste encore quarante-cinq minutes. Et en quarante-cinq minutes, tout peut arriver. Restez concentrées et offensives jusqu'à la dernière seconde. »

À la deuxième mi-temps, nous nous battons sur toutes les actions. Il ne reste plus que quelques minutes à jouer. Les remplaçantes du Barça se tiennent debout sur le bord du terrain, prêtes à bondir. J'aperçois le coach qui regarde sa montre. Ses adjoints ne tiennent plus en place, puis l'arbitre donne le coup de sifflet final. Ce que je ressens à cet instant précis est indescriptible. Mon cerveau ne répond plus. Je m'agenouille sur la pelouse et lève les yeux vers le ciel. Je remercie Dieu. Je me relève et me précipite sur mes coéquipières entassées les unes sur les autres. Laisse éclater ma joie.

Toute la pression accumulée retombe. Je pense n'avoir jamais hurlé aussi fort que ce jour-là. En une fraction de seconde, mon passé défile. Je revois la petite Kheira sur le terre-plein face à la maison. Ses mots me reviennent en tête : *Un jour, je serai une grande championne.*

Ce jour est arrivé. Je suis sur le toit de l'Europe !

Nous assistons à la remise de médailles des Anglaises, puis vient notre tour. Nous gravissons les marches pour les récupérer puis nous dirigeons vers le podium recouvert d'une arche violette où est inscrit en blanc : *WINNERS. UEFA WOMEN'S CHAMPIONS LEAGUE 2020/21.* De chaque côté, le fanion du FC Barcelone. La coupe arrive portée par un officiel qui la remet entre les mains de Vicky Losada, notre capitaine. Dès l'instant où elle la soulève, un feu d'artifice éclate au-dessus de nos têtes, puis une pluie de confettis tombe sur nous. Les flashs crépitent. Jamais, de toute ma carrière, je n'ai ressenti un tel bonheur. Un bonheur mille fois plus intense que le jour où j'ai gagné ce même trophée avec l'Olympique Lyonnais. Lyon n'en était pas à sa première victoire en Ligue des champions alors, forcément, cette coupe n'avait pas la même saveur, mais surtout, je n'avais pas disputé la finale. Cette fois, j'ai pleinement contribué à la première victoire du FC Barcelone en jouant la totalité du match. Cette coupe, je la mérite !

Frustrée et triste de ne pas partager ce moment avec ma famille qui n'a pas pu venir en raison de la situation sanitaire, je cours chercher mon téléphone et appelle ma mère en FaceTime :

« Maman ! »

Elle apparaît, entourée de mes frères, mes tantes, mes neveux et nièces. Tout le monde hurle, on ne s'entend pas.

« Bravo ma fille, c'est magnifique ! On est si fiers de toi ici ! »

Je tourne l'appareil pour lui montrer la coupe que j'embrasse pour la énième fois.

« Regarde comme elle est belle ! Je vous rappellerai ! Je vous embrasse ! »

Je suis emportée par mes coéquipières et raccroche un peu brutalement.

Lorsque nous reprenons l'avion pour rentrer en Espagne, la surprise est grande de voir tous les membres de la direction du Barça nous attendre à l'intérieur pour nous féliciter. Le président salue chacune d'entre nous et nous exprime toute sa fierté et sa gratitude car nous sommes la première équipe espagnole à remporter la Ligue des champions féminine. Le voyage est agité. Nous nous levons de nos sièges pour regarder la coupe, l'embrasser et la mitrailler de photos. Toutes ces années de patience et de persévérance. Je n'ai pas les mots pour décrire ce que je ressens. Je n'ai pas eu le choix, j'ai tout donné. Après la difficulté, vient la facilité. Championnes d'Europe ! C'est Dieu qui donne.

L'avion se pose à 7 h du matin. Au loin, une foule est massée devant les vitres de l'aéroport, ce sont nos supporters, parmi lesquels des filles. En les voyant, j'espère secrètement que cette victoire leur donnera envie de jouer elles aussi et de se battre comme moi je me suis battue pour aller au bout de mes rêves. Les fans se sont levés au petit matin pour nous accueillir, je n'en reviens pas. Aurions-nous vécu la même situation en France ? J'en doute. Nous pénétrons dans le hall sous un tonnerre d'applaudissements. Les fans crient, scandent nos noms et chantent à tue-tête. Ils ont des étoiles dans les yeux. Seul le football est capable de procurer de telles émotions. Nous nous joignons à eux pour vivre tous ensemble ce moment exceptionnel.

Je ne peux toutefois m'empêcher d'avoir une pensée pour les Bleues. J'ai tout gagné et pourtant, je ne suis plus sélectionnée. Je poste alors un message sur Twitter adressé à l'équipe de France. Sur une photo où je pose avec le maillot bleu, j'écris : *Tu me manques tant. Qu'aurais-je dû faire de plus pour te retrouver ?*

La fête passée, nous devons nous reconcentrer pour jouer nos derniers matchs. Quinze jours plus tard, nous soulevons la Coupe de la Reine et, le 27 juin, nous sommes sacrées championnes d'Espagne. Nous avons réalisé l'impensable ; le triplé tant espéré.

Après trois ans au FC Barcelone où j'ai passé les plus belles années de ma carrière, il est temps pour moi de mettre fin à cette aventure. J'ai atteint tous mes objectifs en gagnant six titres. Je dois prendre un nouvel envol car ma mission est terminée.

Entre-temps, Sonia a travaillé pour moi. Elle a contacté des clubs, puis au cours de la signature d'une joueuse, elle a rencontré Ulrich Ramé, le manager des Girondins de Bordeaux qui s'apprête à rejoindre le PSG. Le club qui a changé de coach et de manager est très intéressé par mon profil. Sonia m'annonce :

« Si Ulrich Ramé rejoint Paris, tu as de grandes chances de le rejoindre. »

Mon intuition s'est révélée exacte. Comme je l'avais prédit à mon agent, j'ai joué la finale, je l'ai gagnée et maintenant, je vais signer à nouveau avec le club parisien.

« Je te promets de t'écouter la prochaine fois que tu m'annonces quelque chose », me dit Sonia en riant.

Ce n'est pas la première fois que j'anticipe des événements. Je sens les choses, j'ai des pressentiments qui me trompent rarement, c'est la raison pour laquelle je me fie aveuglément à mes intuitions. Si seulement j'avais pu prévoir cette soirée du 4 novembre 2021…

Le PSG : un club inhumain

Je signe au PSG pour deux ans. J'arrive comme leader incontestable car je totalise trois Ligues des champions, deux Coupes de France, deux Coupes d'Espagne, une Supercoupe d'Espagne ainsi que deux titres de championne de France et deux titres de championne d'Espagne. J'ai trente et un ans, j'ai mûri, grandi et progressé.

Les premiers mois sont idylliques. Je me suis rapprochée de ma famille, j'ai retrouvé mes amis. Je suis considérée et reconnue au sein de mon club. Pourtant, une ombre plane au-dessus de moi que je ne parviens pas à identifier. Une ombre qui prendra forme et me laissera à terre quelques mois plus tard… Le 4 novembre 2021.

J'attends de la part des dirigeants du PSG qu'ils me soutiennent et me protègent, mais je vais tomber de haut. De très haut.

En plus du traumatisme que je subis ce soir-là, je vais être confrontée à leur indifférence, leur cruauté pour ne pas dire une forme de maltraitance à mon égard. Le club se limite à mettre à ma disposition un service de sécurité vingt-quatre heures sur vingt-quatre pendant deux mois pour assurer ma protection. Puis, plus rien. Alors que je suis en danger, mon employeur refuse de le prolonger en dehors des trajets de mon domicile au centre d'entraînement, estimant que je n'en ai plus besoin.

Je suis alors obligée de recruter à mes frais un garde du corps pour assurer mes déplacements.

Le staff ne m'adresse plus la parole et le PSG n'a qu'un objectif : que je parte le plus rapidement possible alors que je suis sous contrat jusqu'en juin 2023. Je suis traitée comme une pestiférée.

Mon employeur presse Sonia de me trouver un autre club dans les plus brefs délais. Mon agent ne donne pas suite et reçoit le 2 septembre 2022 un mail du directeur des affaires juridiques sportives et des relations institutionnelles, Gregory Durand.

Chère Sonia, nous venons de recevoir une offre du club de Parme à propos de Kheira… Jusqu'à ce jour, vous avez systématiquement refusé toute discussion avec quelque club que ce soit. Je te remercie de m'indiquer si vous entendez donner suite à cette offre… afin que nous puissions envisager les conditions du transfert de Kheira. Nous ne pouvons que vous redire que Kheira ne s'inscrit pas dans le projet sportif du club. Ceci m'a encore été confirmé par la direction sportive et le staff technique.

Parme ! Les bras m'en tombent. Ce club est classé parmi les derniers du tableau dans le championnat italien ! Je me sens humiliée. J'ai accumulé les titres, joué dans les plus grandes équipes et, pour me faire déguerpir, ils sont prêts à me transférer n'importe où ! Quel respect ont-ils pour ma carrière ? Je ne suis hélas pas au bout de mes surprises. Quelques semaines plus tard, alors que je suis exclue du groupe, je me rends au stade Jean Bouin pour assister à un match de Ligue des champions. Malgré ma mise à l'écart, j'ai toujours mis un point d'honneur à supporter mon équipe lors des rencontres importantes. Je m'installe donc en tribunes. Le match commence… J'encourage mes coéquipières quand soudain, sur le terrain, j'aperçois Jackie Groenen, une joueuse néerlandaise fraîchement arrivée au PSG, portant un maillot floqué du numéro 14. Je n'en crois pas mes yeux ! Mon numéro ! Celui que j'ai choisi en arrivant au club ! Je suis dépossédée de mon identité de joueuse ! Je m'effondre en larmes, abattue.

Convaincu que j'allais craquer et partir, le PSG a délibérément pris la décision d'attribuer mon numéro à une autre joueuse, sans même me consulter. Le message est clair : je ne fais plus partie du club.

Lorsque ma coéquipière comprend la situation, elle vient immédiatement me voir pour s'expliquer.

« Je suis désolée, Kheira ! me dit-elle, affreusement gênée. J'ignorais que ce numéro t'appartenait. J'affectionne particulièrement le chiffre 14 et quand je l'ai demandé, le staff m'a répondu que ça ne posait aucun problème. À aucun moment je n'aurais imaginé qu'il t'appartenait, je te le jure !

— Je n'en doute pas, Jackie, ne t'inquiète pas, je ne t'en veux pas du tout. »

Lorsque je réintègre le groupe, le directeur m'appelle pour me suggérer de partager le numéro avec Jackie : l'une le porterait lors des matchs de championnat et l'autre endosserait le numéro 24. De même en Ligue des champions.

Je ne peux pas me résigner à le partager, ce que Jackie comprend.

Je finis par récupérer mon numéro. Quant à Jackie, elle porte aujourd'hui le numéro 24.

Je suis totalement niée. Je ne comprends pas.

Je ne suis pas remise de mon agression que mon club me fait vivre un enfer. Pourtant, le PSG s'est porté partie civile dans cette histoire et a accès au dossier d'instruction, il connaît donc les moindres détails de cette affaire. Pourquoi se comporte-t-il ainsi avec moi comme si j'étais coupable ?

Je suis écartée du groupe à la suite de mon altercation avec Sandy Baltimore. Victime de cyberharcèlement, insultée et traînée dans la boue lors des matchs, je ne reçois aucun soutien de la part de mon employeur qui se mure dans le silence. Le PSG possède tous les moyens de stopper la déferlante et bloquer cette cabale médiatique, mais il n'en est rien. Jamais le service de communication ne tente de faire taire les médias ni d'obtenir des droits de réponse. Il laisse faire. Je suis accablée, j'essaye de tenir, mais dès que je sors la tête de l'eau, le PSG m'enfonce. Les caméramans du club ont interdiction de me filmer lors des entraînements. Je ne dois apparaître dans aucun film ni sur aucune photo en lien avec le club.

Dieu merci, les joueuses de mon équipe ne prennent pas parti, à l'exception de Diani et Katoto, proches d'Aminata Diallo. Ces dernières refusent de jouer avec moi lors des matchs. Là encore, le PSG ne réagit pas. J'occupe pourtant un poste stratégique : milieu de terrain. Je suis le relais entre la défense et l'attaque, les ballons doivent passer par moi. Le cours du jeu risque à chaque instant d'être déséquilibré. Je souffre tout en tenant bon. Je sens malgré tout que je tiens sur un fil. Je suis sur le point de craquer. Le terrain reste le seul endroit où je parviens à faire le vide, à évacuer mes problèmes, mais là aussi, je dois prendre sur moi, lutter et me battre.

Il n'est pas rare que des joueurs ne s'entendent pas au sein d'un groupe, mais le football reste un sport collectif où chacun doit mettre ses rancœurs et ses ressentiments de côté au coup de sifflet qui annonce le début du match. Rien ne doit transparaître sur le terrain car notre seul objectif est de faire gagner notre équipe, peu importent nos problèmes personnels ou relationnels. Nous sommes ensemble, nous jouons ensemble. Le groupe passe avant nous, avant tout.

Ces filles ont le droit de se ranger du côté de Diallo, elles ont le droit de me haïr et penser que j'ai fabriqué cette histoire de toutes pièces, mais elles doivent rester professionnelles. Pourquoi ne font-elles pas la part des choses ? Connaissent-elles vraiment le fond de cette histoire ? Jamais elles n'ont cherché à me parler ni à comprendre ce qui s'était réellement passé. D'emblée, j'ai été pointée du doigt comme la méchante, la menteuse. Elles ne se tiennent qu'à une version de l'histoire. Une version racontée par leur amie et par leur conseiller sportif, César Mavacala, que je n'ai jamais rencontré. Je ne connais pas cet homme dont je me suis rendu compte, à la lecture du dossier, qu'il nourrissait effectivement une haine féroce à mon encontre. Comment peut-on détester à ce point quelqu'un qu'on ne connaît pas, à moins d'être influencé par une tierce personne ? Diallo lui a-t-elle retourné le cerveau à ce point ? Je le pense, oui. Toujours est-il qu'il a ligué ses deux joueuses contre moi d'une main de maître. L'une est sa compagne, l'autre sa cliente. Elles ont été manipulées et demeurent encore aujourd'hui sous l'emprise de cet homme.

L'été passe. Je ne suis pas convoquée en même temps que mes coéquipières à la reprise de l'entraînement en juin 2022. Je ne suis pas tenue au courant des dates de réunions prévues avec le groupe. Mes rendez-vous avec la kiné sont retardés et, pire que tout, aucun équipement ne me parvient. En début de saison, le PSG donne à chaque joueuse un sac comprenant un jeu de maillots, un survêtement, un pull, une parka, etc. Je ne reçois rien, si ce n'est un pauvre tee-shirt. Un, pas deux. Lorsque je demande à l'intendant pour quelle raison je suis privée de vêtements, il me répond qu'il a reçu l'ordre de ne pas me les fournir. Quand l'hiver arrive, je me revois, toujours seule, sous la pluie, grelottant sur le terrain, sans blouson ni sweat-shirt pour me réchauffer. J'ose ici prononcer le mot : je suis maltraitée.

Sonia, mon agent, monte au créneau. La manière dont le PSG se conduit avec moi est inacceptable. Je suis une victime et ils me traitent de cette façon ? Mais dans quel monde vit-on ?

Elle prend contact avec le directeur sportif, Angelo Castellazzi, et d'autres dirigeants, mais se heurte à un mur. La seule explication qu'elle obtient se résume à cette phrase : « Kheira ne s'inscrit plus dans les projets sportifs du club, elle doit partir. » De titulaire indiscutable, je deviens inutile ? Nous ne sommes pas dupes et savons pertinemment qu'il s'agit d'un prétexte.

Face à un club qui ne me soutient pas alors qu'il s'est porté lui aussi partie civile, Sonia envoie un mail au PSG. Je ne retranscrirai pas ici l'intégralité de ce message, mais quelques lignes. Sonia fait un état des lieux de la situation, puis écrit :

Je suis enceinte de presque quarante semaines, comme Angelo le sait, et je risque d'accoucher du jour au lendemain. Je vous raconte ma vie simplement pour vous exprimer mon angoisse. Ce n'est pas seulement l'agent de Kheira Hamraoui qui vous écrit ce soir. C'est avant tout une femme, une maman, un être humain touché par la détresse de Kheira. J'ai d'ailleurs les larmes aux yeux en écrivant ces mots… Kheira a été traînée dans la boue, a perdu sa dignité, a été harcelée sur son lieu de travail par plusieurs coéquipières qui ne connaissent rien à la vérité et qui se sont permis de prendre parti, et tout cela de manière publique sans que le club réagisse ni sévisse.

Je suis de celles qui pensent qu'un enfant qui se fait harceler à l'école n'est pas celui qui doit changer d'établissement. Merci de tout faire afin de lui témoigner le respect qu'elle mérite. Merci simplement d'être digne d'un grand club tel que le Paris Saint-Germain.

Ses écrits resteront lettres mortes. Le PSG exerce une pression de plus en plus forte sur moi. C'est alors que le calvaire commence. Je suis mise à l'écart du groupe pendant huit semaines. Comme l'an passé, je m'entraîne seule avec trois coachs, Cristoforo, Régis et Michel que je remercie sincèrement de m'avoir accompagnée durant ces séances individuelles. Mes horaires sont décalés de façon que je ne croise pas mes coéquipières.

Au mois de juillet, les joueuses se soumettent aux tests médicaux obligatoires auxquels je ne suis pas conviée. Je reste chez moi, j'attends. Face à l'insistance de mes agents, le club cède et m'invite à les passer à l'écart du reste du groupe. L'Euro 2022 approche, les internationales qui représentent une grande partie de l'équipe du PSG se rendent dans leur sélection. Il ne reste que six joueuses dans l'équipe, je suis alors autorisée à me joindre à elles pour les entraînements. Jetée, reprise, rejetée, reprise ; voilà ma vie au sein du club. Je ne bronche pas, j'encaisse. Au retour des joueuses, le PSG organise un stage en Espagne au mois d'août. Angelo Castellazzi m'assène :

« Toi, tu resteras ici ! »

Je ne réponds pas. Je suis considérée comme une moins que rien, mais résiste comme je peux et continue de m'entraîner chaque jour. Face à ma détermination, Angelo passe à la vitesse supérieure et me convoque régulièrement dans son bureau. Chaque fois, la même scène se répète. Chaque fois, de nouvelles raisons sont invoquées. Il s'assoit face à moi. Je sens son regard méprisant.

« Je t'annonce que tu ne joueras pas, l'effectif de l'équipe est complet, tu dois absolument partir. »

Je le regarde droit dans les yeux, serre les poings pour ne pas craquer et réponds :

« Mon contrat se termine en juin 2023, je resterai jusqu'à son terme. »

Une semaine plus tard, je me retrouve de nouveau assise face à lui. Le discours reste toujours le même : je dois quitter le club au plus vite.

Je résiste. Une autre fois, il répète que je n'ai plus ma place dans le groupe et que, par conséquent, il faut que je parte le plus rapidement possible. Au terme de chaque discussion, il me pose cette éternelle question :

« Tu n'as pas changé d'avis ?

— Non.

— Tu restes sur tes positions ?

— Oui. Je ne partirai pas. »

Je sais qu'il cherche à me faire craquer, à me pousser à la faute, alors je demeure stoïque en faisant bien attention de ne pas prononcer le mot de trop qui pourrait se retourner contre moi. Je refuse d'entrer dans son jeu. Face à mon calme, Angelo perd patience, il s'énerve. Je ne réagis pas, et le fixe droit dans les yeux. À peine sortie de son bureau, je cours m'enfermer dans une pièce et fonds en larmes. Je ne pourrai pas tenir longtemps à ce rythme-là.

À court d'arguments, Angelo me convoque un matin en présence de Gérard Prêcheur, mon coach. Ce dernier a pour mission de me convaincre de partir. Il s'exprime comme s'il récitait une leçon apprise par cœur. Je perçois dans le ton de sa voix qu'on le force à me tenir ces propos.

« Je n'ai pas besoin de toi, Kheira, je ne te ferai pas jouer, tu dois partir !

— Aucun problème, je me battrai comme je me suis toujours battue. Je m'entraînerai seule s'il le faut et je te prouverai que je mérite ma place. Si j'ai le niveau, je jouerai. Sinon, je resterai sur le banc. »

Je me montre imperturbable mais, au fond de moi, je suis brisée, à bout de forces. Je quitte le bureau calmement puis me précipite dans les toilettes pour vomir. Je n'en peux plus !

« Tiens le coup ! me supplie Sonia. À un moment donné, ils seront obligés de te réintégrer.

— Je n'y arriverai pas, c'est trop difficile !

— Je comprends, Kheira, mais tu n'as pas le choix. Tu es admirable dans ce combat ! Je sais qu'un jour, la vérité éclatera. En attendant, tiens bon, je t'en prie. »

Je veux bien tenir bon, mais jusqu'à quand ? Je ne devrais pas me retrouver dans cette situation, mon employeur doit m'offrir « des conditions de préparation et d'entraînement équivalentes à celles des autres sportifs professionnels salariés », conformément à l'article L.222.2.9 du Code du sport. En effet, ni le Code du travail, ni le Code du sport, ni le statut de joueuse fédérale n'autorisent une telle mise à l'écart, même en période de mercato – le marché des transferts. Par conséquent, en m'excluant du groupe, le PSG se retrouve dans l'illégalité. Visiblement, cela ne leur pose aucun problème…

Sonia, consciente que ma situation risque de s'éterniser, ne lâche rien et revient constamment à la charge.

Mes avocats envoient également plusieurs lettres au club pour exiger ma réintégration. Sans réaction de la part du PSG, mes agents décident d'envoyer un huissier sur place pour faire constater le fait que je m'entraîne seule. Dans le même temps, les mises en examen, notamment celle d'Aminata Diallo, commencent à pleuvoir. Le club est acculé. Grâce au combat mené et à ma détermination, les dirigeants comprennent qu'ils ne parviendront jamais à nous faire capituler. Ils prennent donc la décision de me réintégrer dans l'équipe au mois de septembre, invoquant la fin du mercato estival.

Je fais à nouveau partie de l'équipe, mais le staff m'ignore. Je suis laissée sur le banc lors du premier match, puis retrouve mon statut de titulaire jusqu'à la fin du mois de décembre. À chaque victoire du club – contre le Real Madrid en Ligue des champions, ou contre l'Olympique Lyonnais en championnat –, je suis sur le terrain. Pour quelqu'un qui ne s'inscrit plus dans les projets sportifs et qui ne sert à rien, mon rôle est décisif. Avant la trêve hivernale, nous nous retrouvons premières du classement.

À mon retour de vacances, je me demande encore à quelle sauce je vais être mangée. J'ose espérer qu'après les nouveaux rebondissements de l'affaire et les nombreuses mises en garde qu'a reçues le club, je ne subirai pas le même sort. Hélas, en janvier, le directeur sportif récidive en priant Sonia de trouver une solution pour que je parte rapidement. Cette fois, il expose un nouvel argument :

« Nous allons recruter des joueuses en milieu de terrain, Kheira doit partir. »

À ces injonctions, ma réponse reste identique :

« Je resterai jusqu'au terme de mon contrat. »

Mon entraîneur revient à la charge, probablement poussé par le directeur sportif : cette fois il prétend que je ne peux pas être performante sur le terrain en raison de ma prise de poids, or je n'ai pas pris un gramme.

J'ai bien conscience que je ne serai jamais plus forte qu'un club, mais je gagnerai ce bras de fer au prix de ma santé physique et mentale s'il le faut. J'ai ma conscience pour moi. J'ai toujours fait preuve de patience et de sérieux professionnel, me suis toujours battue pour l'équipe et, surtout, je n'ai jamais laissé transparaître mes états d'âme. Si je dois souffrir jusqu'en juin 2023, je souffrirai, mais ils n'auront pas ma peau. Non seulement ils ne m'abattront pas, mais je continuerai à poursuivre mes rêves envers et contre tous.

Alors que je ne suis plus titulaire dans mon club, je suis convoquée en équipe de France. Après plus d'un an d'absence, je fais mon grand retour.

Ma joie est immense de retrouver mes coéquipières, le château de Clairefontaine et le maillot bleu ! Mais surtout, quelle victoire sur la vie, sur l'adversité ! Le phénix qui renaît de ses cendres…

Aujourd'hui, le PSG n'a pas d'autres choix que de me faire jouer. Un match sur deux, parfois plusieurs matchs d'affilée. L'attitude des dirigeants ne change pas. La mienne non plus.

Mon seul objectif est de participer à la Coupe du monde 2023 en Australie.

Je n'attends plus rien de ce club. J'y suis restée parce que je suis une professionnelle et je me dois d'honorer mon contrat jusqu'à son terme. Je n'ai rien à me reprocher. Je suis victime et ce n'est pas à moi de partir. J'ai terriblement souffert, mais jamais je n'ai cédé. Je peux me regarder dans un miroir et être fière de ce que je vois.

Je me suis prouvé à moi-même que j'étais capable de tenir debout face à ce club. Dans quelques mois, je partirai la tête haute et par la grande porte.

Un club sous influence

Quelles sont alors les véritables raisons qui poussent le PSG à se comporter de façon si cruelle avec moi ? Comment peut-il laisser tomber une joueuse tabassée à coups de barre de fer dans le cadre de son travail – car il ne faut pas oublier que je revenais d'une soirée professionnelle ? À la lumière des événements, j'ai toujours su que leur volonté farouche de me faire partir n'avait aucun lien avec mes compétences ni mes performances sur le terrain. Les raisons se trouvent ailleurs.

Tout d'abord, mon agression fait de moi une fille à problèmes dont ils veulent se débarrasser – peu importe que je sois la victime. Mon histoire salit l'image du club. Moins on me voit, moins on entend parler de moi et mieux c'est. Si j'avais cédé à la pression en quittant le club, le problème aurait été définitivement réglé. Le PSG jouit d'une réputation européenne, même mondiale, que rien ni personne ne doit écorner. Ils lavent leur linge sale en famille, font en sorte d'étouffer les affaires ou d'éradiquer les éléments gênants pourvu que les apparences soient sauvées. Rien ne doit transparaître publiquement.

D'autre part, je suis une femme, et la triste réalité, c'est que le club se moque royalement du football féminin. La valeur marchande d'une joueuse ne représente rien pour eux, à peine quelques dizaines de milliers d'euros. Autrement dit, une quantité très négligeable comparée à celle d'un joueur du PSG. M'auraient-ils fait subir le même sort si j'avais été un homme ? Certainement pas. Achraf Hakimi, l'arrière-droit du PSG, mis en examen pour viol, n'a jamais été écarté du groupe. Non seulement il continue de jouer, mais il reçoit un soutien inconditionnel du club. Ce que ce joueur représente financièrement ne laisse pas d'autres choix au PSG que de se ranger à ses côtés. Mon histoire est très révélatrice de ce que représentent les femmes dans le monde du football aujourd'hui.

Lorsque le club s'est trouvé pris dans le tourbillon médiatique de mon agression, j'ai pensé dans un premier temps qu'il ne parvenait pas à gérer un tel déferlement, dépassé par les événements. Le manager sportif, Ulrich Ramé, semblait totalement perdu. Quelle erreur ! Un club de cette stature possède un service de communication capable de maîtriser n'importe quelle situation de crise. Sans stopper totalement l'hémorragie, ils auraient au moins pu limiter la casse, me protéger en toute discrétion, mais ne l'ont pas fait parce qu'ils ne pouvaient tout simplement pas le faire. Ils n'avaient pas les mains libres. En arrière-plan, un homme tirait les ficelles et exerçait un chantage sur le club.

Cet homme, c'est César Mavacala, l'ami proche d'Aminata Diallo, compagnon et conseiller sportif de l'attaquante parisienne Kadidiatou Diani, également conseiller de Marie-Antoinette Katoto. Il ne possède pas de licence d'agent, pourtant César est un membre très actif au sein du club parisien. Il utilise ses deux joueuses – très importantes dans l'équipe – comme des armes fatales pour parvenir à ses fins. L'objectif de César est double : prendre les rênes de la section féminine du PSG en évinçant toute personne qui entraverait son chemin, mais aussi se servir de moi pour négocier au plus haut le salaire de ses joueuses et forcer mon départ du club pour qu'Aminata – encore joueuse au PSG à l'époque – prenne ma place et devienne titulaire. Tous les moyens sont bons. Pour annuler toutes mes chances de participer à l'Euro 2022, Katoto et Diani ont mimé un A avec leurs mains, en hommage à Aminata lors de la célébration d'un but. Ce geste, ordonné par César, a provoqué un buzz médiatique. En laissant entendre qu'elles étaient contre moi, il devenait alors compliqué que je retourne en équipe de France, au risque qu'un conflit éclate entre nous. Je n'avais donc pas été sélectionnée.

Pour que je quitte le PSG, César et Aminata n'avaient de cesse de vouloir rayer de la carte les « résistants », ceux qui me maintenaient en place malgré les menaces : le directeur sportif du PSG, Ulrich Ramé, mon entraîneur, Didier Ollé-Nicolle, et l'ex-sélectionneuse de l'équipe de France, Corinne Diacre. Ces trois personnes ont été licenciées avec pertes et fracas…

Avant de tenter de mettre en lumière le machiavélisme de cet homme, alimenté et motivé par Aminata Diallo, je tiens à préciser qu'il n'est pas incriminé dans l'affaire de mon agression.

Ce que j'écris aujourd'hui n'est pas le fruit de mon imagination. Tout est retranscrit noir sur blanc dans le dossier d'instruction auquel j'ai accès puisque je me suis constituée partie civile. Je n'entrerai pas dans les détails des manigances de César pour infiltrer le PSG, car cette histoire ne me concerne pas.

Lorsque je prends connaissance des écoutes téléphoniques entre César et Aminata Diallo, je me rends compte de la détestation qu'ils nourrissent à mon égard, au point de me souhaiter le pire. César me traite de « rebeu », de « pute » et évoque le PSG comme « un club d'Arabes qui doit être reconquis par des Noirs ». Puis il enchaîne en m'accusant d'avoir monté de toutes pièces mon agression et termine par cette phrase qui me glace le sang : « Je n'ai aucune pitié pour elle. Qu'elle meure sur le Coran. »

Je me pose et me repose la question sans cesse : pourquoi tant de haine alors que nous ne nous sommes jamais parlé ? La réponse à ma question, je l'ai comprise bien plus tard. Aminata, dont le seul objectif se résume à m'éliminer des terrains, utilise César afin qu'il exerce une pression sur le club, mettant en balance Katoto et moi. Autrement dit : si Kheira Hamraoui ne dégage pas, Katoto, courtisée par l'Olympique Lyonnais et le FC Barcelone, ne prolongera pas son contrat au PSG et ira voir ailleurs. Malgré le rapport d'enquête – accablant pour Aminata Diallo et César Mavacala – que les dirigeants du PSG ont lu, malgré les éléments à charge contre Aminata dans mon agression, le club refuse d'agir en ma faveur, préférant fermer les yeux et se plier aux injonctions de César pour garder Diani et surtout Katoto dans l'effectif. Ces attaquantes sont jeunes et marquent des buts alors que moi, je suis en fin de carrière et milieu de terrain. Le choix est vite fait. Peu importe ce que j'ai enduré, le PSG se soumet aux ordres de César et c'est donc moi qui trinque. Voilà pourquoi je subis tant de pression depuis de si longs mois de la part de la direction.

En avril 2022, Marie-Antoinette Katoto enfonce le clou en déclarant à l'AFP, je cite, qu'elle « ne voulait plus partager le terrain avec moi et qu'elle souhaitait voir de vrais actes de la part du club parisien ». Mais sans une faute professionnelle de ma part, je suis invirable. Le PSG se retrouve sans solution, alors César en profite pour faire monter les enchères. Il lui est reproché aujourd'hui d'avoir obtenu sous la contrainte et par le biais de menaces un nouveau contrat de trois ans pour l'attaquante du club avec, à la clé, un salaire record de six cent mille euros bruts annuels. Le jour où Katoto a signé à nouveau au PSG, j'ai été exclue du groupe pendant huit semaines.

Exclue mais toujours là, ce qui déplaît fortement aux deux acolytes qui vont s'acharner sur le directeur sportif, Ulrich Ramé, et mon coach, Didier Ollé-Nicolle. Outre le fait que César œuvre pour que ces derniers quittent le club afin de mettre ses hommes à leur place et gagner plus de pouvoir au PSG, il estime qu'ils ne font pas le maximum pour m'évincer. Ses propos sont édifiants : « Il faut qu'ils sautent. »

Ils ont sauté.

Ulrich Ramé est parti en août 2022. Didier Ollé-Nicolle est mis à pied en mai 2022 par le club à la suite de « fuites médiatiques » concernant « des faits et propos inappropriés et d'agression sexuelle » à l'encontre d'au moins une joueuse. Des accusations montées de toutes pièces par César. À la suite d'une enquête interne, mon entraîneur a été blanchi, puis licencié quelques mois plus tard. Lors d'une interview, Didier Ollé-Nicolle a dénoncé les pressions dont il aurait été victime :

« À un moment donné, on m'a fait comprendre qu'il ne fallait plus que je fasse jouer Kheira et j'ai continué à la faire jouer… parce que j'estimais que c'était normal, qu'elle le méritait… Dans mon esprit c'était très clair : avec Kheira Hamraoui, Grace Geyoro et Sara Däbritz, on avait le meilleur milieu de terrain de France. »

Troisième cible : l'ex-sélectionneuse des Bleues, Corinne Diacre. En dépit de sa discrétion légendaire, la coach m'a toujours soutenue dans cette épreuve en déclarant publiquement que j'étais une victime. Le jour où elle m'a convoquée à nouveau en équipe de France, son sort était scellé. Les écoutes téléphoniques entre Diallo et Mavacala révèlent qu'ils prévoient bien de l'évincer : « T'inquiète, c'est prévu… Elle va vite sauter, elle aussi. Ils vont comprendre qu'il faut qu'elle dégage, elle aussi. »

En mars 2023, elle a « dégagé ».

Lorsque la capitaine des Bleues, Wendie Renard, décide de se mettre en retrait de l'équipe de France, dénonçant – entre autres raisons – le management de sa coach, César saute sur l'occasion. Il pèse de tout son poids pour pousser ses deux joueuses, Katoto et Diani – internationales également –, à se mettre en retrait, elles aussi, pour obtenir le départ de la sélectionneuse. Les deux attaquantes se sont exécutées, pointant des désaccords avec le staff des Bleues et notamment avec la coach. La suite, nous la connaissons, Corinne Diacre a été licenciée.

Ces personnes sont les victimes collatérales de mon agression. Elles ont été sacrifiées pour avoir fait leur travail en leur âme et conscience, résisté aux pressions, mais face à la lâcheté des dirigeants de ce club soumis aux ordres de César Mavacala, elles n'avaient aucune chance de s'en sortir.

Dieu merci, il y a une justice dans notre pays et la vérité continue d'apparaître au grand jour. Après Aminata Diallo, c'est au tour de César d'être placé sous contrôle judiciaire et mis en examen pour « extorsion en bande organisée et tentative d'extorsion ». Il lui est interdit de paraître dans « divers lieux en rapport avec le PSG », notamment le siège du club et le camp d'entraînement de sa section féminine à Bougival.

Il a également interdiction d'exercer « une profession de type agent sportif ou conseiller sportif ».

4

Ma remontada

J'aurais pu y laisser ma vie... Ce soir du 4 novembre 2021, j'aurais pu mourir sous les coups acharnés de cet homme ; je me suis relevée. J'aurais pu tomber en dépression sous le poids du cyber-harcèlement et des insultes qui se sont abattues sur moi ; j'ai fait face en gardant toujours la tête haute. J'aurais pu ne jamais rejouer au football ; je suis revenue au plus haut niveau. On a voulu me coller l'étiquette de la fille à problèmes, on m'a jugée sans me connaître. Cette entreprise de démolition en a convaincu plus d'un. Qu'ont-ils imaginé ? Qu'ils allaient me faire plier, abandonner, disparaître de la surface de la terre ? Pensaient-ils que j'allais les laisser détruire ce que j'avais construit durant toutes ces années ? Ils m'ont sous-estimée.

Le combat et l'adversité, je connais par cœur. Je m'y suis construite. Depuis toute petite, je lutte pour imposer ma passion du foot à ma famille. J'ai résisté aux moqueries des enfants de mon âge et de leurs parents, prouvé sans cesse qu'être une fille dans ce milieu masculin ne représentait pas un handicap ni une tare. Je m'épuisais à dire à qui voulait l'entendre : « Un jour, je deviendrai une grande footballeuse. » Et pourtant, j'ai entendu tant de fois mes professeurs m'asséner que je ne réussirais jamais. J'ai failli être recalée du centre de formation à cause de mes résultats scolaires. Dans tous les clubs où je suis passée, j'ai dû prouver à mes entraîneurs que j'étais au niveau pour espérer devenir titulaire, me dépasser sans cesse pour qu'ils croient en moi. Je me souviens d'une réflexion de mon coach lorsque je suis arrivée au PSG : « Tu n'es pas assez affûtée pour être performante. »

Quelques semaines plus tard, j'avais perdu mes kilos, je retrouvais le terrain. Je n'ai jamais connu la facilité. Chaque fois, je me confrontais à un « oui, mais » ou « attention » et chaque fois, je relevais les défis. J'ai atteint mes objectifs, réalisé mes rêves, mais que de larmes versées, de cris étouffés, de batailles menées pour en arriver là aujourd'hui ! Ma réussite, je ne la dois qu'à moi-même. À mon intime conviction, ma détermination et ma rage de vaincre.

Durant tous ces mois, je me suis remise en question. Pourquoi tant d'obstacles, tant d'épreuves ? Pourquoi moi ? Je dérange, paraît-il. Farid Benstiti, mon ancien coach, m'a dit cette phrase que je n'ai jamais oubliée : « Que tu te comportes bien ou mal, on parlera de toi. »

Je n'avais pas compris le fond de sa pensée et l'avais prié de m'éclairer.

« Tu es grande, on ne voit que toi sur le terrain, tu ne seras donc jamais épargnée. Si une joueuse plus petite, plus discrète passe à côté de son match, personne ne s'en rendra vraiment compte. Toi, tu seras encensée par les médias si tu réalises une bonne performance, mais clouée au pilori dans la situation inverse. C'est comme ça, tu n'y peux rien. »

Il avait raison. Tout au long de ma carrière, j'ai été soumise aux jugements des autres. Aujourd'hui plus que jamais.

On me croit arrogante, agressive, trop sûre de moi. Est-ce mon mètre soixante-dix-huit, ma crinière, mon apparente nonchalance sur lesquels les gens se fondent pour porter un tel jugement ? Ont-ils seulement essayé de s'intéresser à moi, d'aller au-delà de leurs idées toutes faites avant de me stigmatiser ? Ce que je dégage ne reflète en rien ma personnalité.

J'ai un fort caractère sans pour autant en user aux dépens des autres. Je suis d'une nature timide et plutôt discrète, mais j'aime la mode et bien m'habiller. Cela fait-il de moi une personne prétentieuse et détestable ? Je ne le pense pas. J'ai terriblement souffert de ces a priori dans le passé.

Aujourd'hui je passe outre. Je sais qui je suis, je n'oublie pas d'où je viens, je connais mes valeurs. J'en tire cependant une belle leçon, je m'interdis de juger qui que ce soit avant de savoir à qui j'ai affaire.

Après avoir traversé tant de turbulences, j'ai su au plus profond de moi que cette agression, si douloureuse fut-elle, ne m'anéantirait pas. Dieu éprouve ceux qu'Il aime, dit-on chez nous. S'Il m'a soumise à de telles souffrances, c'est parce que je suis capable de les surmonter. Les combats menés tout au long de ma vie m'ont forgée pour vaincre celui-ci aussi. Cette épreuve ne m'est pas tombée dessus par hasard ou par malchance. J'allais en découvrir le sens au fil du temps.

Il m'est arrivé de craquer et de sombrer dans le désespoir, mais très rapidement, j'ai repris le dessus et, dans ma tête, me suis adressée à ceux qui m'ont fait du mal : « Jamais vous ne parviendrez à obtenir ce que vous voulez. Si votre souhait est ma disparition, tuez-moi pour de bon. Si vous ne me tuez pas, alors je reviendrai plus forte que jamais. » Les premiers mois après mon agression, j'avoue avoir beaucoup pleuré, enfermée chez moi entourée de mes proches, incapable de rester seule. Moi qui aimais tant m'habiller, je ne portais plus que des survêtements et des baskets, ne me maquillais plus. J'en étais même arrivée à négliger ma crinière.

Je ne sortais que pour m'entraîner, une capuche sur la tête et un masque sur le visage. Avais-je honte alors que j'étais une victime ? Non. Je me sentais tout simplement incapable d'affronter le monde extérieur. Sa brutalité. Son imprévisibilité. Comme une lionne encornée par un buffle, il me fallait d'abord reculer dans l'ombre, reprendre des forces par le sommeil, laisser les sœurs de ma tribu lécher mes plaies. J'avais besoin de rester dans ma bulle, protégée par mon noyau dur : ma mère, Sakina, Salim, mes amies proches et Hanane, ma cousine. Le lendemain de mon agression, elle était là, puis est revenue régulièrement. Malgré sa vie de famille, elle n'a jamais hésité à prendre un train de Lille pour rester à mes côtés et me soutenir. Elle s'organisait toujours pour dégager quelques jours pour moi.

Je passais le plus clair de mes journées à refaire l'histoire, essayer de comprendre pourquoi un tel drame s'était produit. Ma mère ne me posait aucune question, elle ne voulait pas se montrer intrusive.

« Si tu souhaites me parler, tu sais que je suis là », me disait-elle.

Je devinais son inquiétude, bien qu'elle fasse tout pour la cacher.

« Que voulez-vous manger ce soir ? nous demandait-elle sur un ton enjoué.

— Des lasagnes ! » répondions-nous en chœur, plus très sûrs d'être adultes.

Les fameuses lasagnes de ma mère ! Un pur régal ! Le genre de régression dont j'avais besoin.

Après le dîner, elle allait se coucher tandis que Sakina, Salim et moi, affalés sur le canapé, regardions des films jusqu'au bout de la nuit. Nous étions fascinés par les séries policières. Notre but : élucider les affaires criminelles. Ces histoires me renvoyaient inévitablement à la mienne. Je me rendais compte qu'elles se déroulaient le plus souvent sur le même mode : un drame, une injustice où la victime devient coupable, puis la vérité qui éclate. Je m'identifiais souvent à ces personnages et me disais en moi-même « Tiens, c'est exactement ce que j'ai vécu ». Ma mère nous réprimandait régulièrement : « Arrêtez de regarder ces psychopathes, vous allez vous rendre malades ! »

Une nuit, vers 3 ou 4 h du matin, elle a déboulé par surprise dans le salon, à moitié endormie.

« Vous êtes encore réveillés ?

— Euh… oui. Pourquoi ?

— Kheira, tu te lèves et tu vas dormir ! Ça suffit maintenant ! »

Je me suis exécutée comme une enfant de douze ans, alors que Salim et Sakina pouffaient, le visage enfoui dans les coussins.

Malgré la situation dramatique que nous traversions, une certaine gaieté régnait dans l'appartement.

Je m'efforçais de ne rien laisser paraître de mes angoisses, je gardais ma carapace pour épargner mon entourage. Il m'arrivait même de les rassurer alors que je n'en menais pas large, jusqu'à les embarquer, en pleine tempête, au restaurant. Je prenais sur moi pour préserver un semblant de vie normale. Salim s'arrangeait pour nous trouver des endroits discrets, la plupart du temps, dans des salles à l'écart des clients. Toujours cette même peur d'affronter le regard des autres. Je luttais contre moi-même, contre mes idées noires pour garder le cap face à ma famille et mes amis.

La nuit, les images de l'agression resurgissaient et les incessantes questions me taraudaient : pourquoi moi ? Qu'ai-je fait ? Qui me veut du mal à ce point ? Que risque-t-il encore de m'arriver ? La peur me paralysait, alors j'allais dormir avec ma mère ou Sakina. J'avais besoin d'une présence permanente auprès de moi.

Le lendemain de la fuite des audios par une proche de Diallo, lors de la rencontre face à l'Olympique Lyonnais en huitième de finale de la Coupe de France, je réalise l'un des plus beaux matchs de ma carrière. Je relègue mon mal-être dans un coin de ma tête pour me consacrer entièrement au jeu. J'entre sur le terrain avec un mental d'acier. Ils ont voulu m'éteindre, mais ils m'ont enflammée. Je leur parle en moi-même : « Plus fort vous taperez et plus haut je reviendrai. Continuez, épuisez-vous à me mettre à terre, vous ne parviendrez jamais à vos fins, je serai toujours là. » L'adversité me rend invincible, me donne une force intérieure inébranlable. J'ai vécu une injustice terrible, mais je reste convaincue qu'un jour où l'autre la vérité éclatera. Ces gens payeront cher le mal qu'ils m'ont fait.

J'ai commencé à renaître de mes cendres le jour où j'ai identifié l'objectif de Diallo et ses acolytes : semer la discorde, la suspicion, le mensonge. Ils voulaient détruire mon image, ma carrière pour que plus jamais je ne remette un pied sur un terrain de foot. C'est ce que j'ai déduit en recoupant des faits précis. Chaque veille de match, un événement censé m'abattre avait lieu. L'audio sur Abidal a été diffusé juste avant la rencontre OL – PSG, le second vocal où je m'exprime sur la sélectionneuse Corinne Diacre est sorti la veille du rassemblement à Clairefontaine. À ce moment-là, je me suis dit : « OK. Vous êtes tombés sur la mauvaise personne, je suis une guerrière et je vais vous le prouver. » En plus de mes entraînements au club, je travaillais chaque jour avec mon préparateur physique dans une salle, à Chevreuse, à trente-cinq kilomètres de chez moi. Les séances pouvaient durer une heure trente, parfois deux heures. Je m'acharnais sur les machines jusqu'à épuisement. Il était hors de question que je lâche. J'effectuais les exercices les uns après les autres sans répit, les douleurs s'emparaient de mon corps, je n'écoutais que moi et ma rage d'aller au bout. Les gouttes de sueur se mélangeaient aux larmes que je versais. Des larmes de souffrance physique et psychologique.

« Repose-toi un peu, m'ordonnait Chafik, mon coach.

— Non, je continue ! »

Je me motivais dans ma tête : « Allez, Kheira, surpasse-toi ! Vas-y, tiens le coup ! Ce n'est qu'une épreuve de plus ! Tu es une combattante, tu vas y arriver ! »

Je puisais au plus profond de moi pour trouver l'énergie qui me ferait tenir. Mon corps lâchait, alors mon mental prenait le relais en me dictant ce que je devais faire. Mes muscles se contractaient, je sentais les crampes dans mes mollets, mais je tenais bon. J'implorais Dieu : « Aide-moi à me dépasser, à aller au bout de moi-même ! » La séance terminée, je tombais au sol, épuisée mais fière car j'avais atteint mon but. Je me relevais et me disais : « Tant que ma famille est avec moi, tant que Dieu est avec moi, rien ne pourra m'arriver. » Je refusais de me poser en victime de cette cabale médiatique alors que les insultes inondaient les réseaux sociaux. J'étais écœurée du manque de neutralité de certains médias qui, à la suite de la mise en examen d'Aminata Diallo, ont fini par retourner leur veste. Comme je vous l'ai expliqué, j'avais supprimé

Instagram et Twitter de mon téléphone pour ne pas voir les injures qui m'étaient destinées. Mais je savais. L'information circule à une vitesse folle aujourd'hui, par la moindre entrée, la moindre fissure. Je m'écroulais parfois lorsque je me retrouvais avec mes amis : « Je n'en peux plus, c'est trop dur, je n'y arrive plus. » L'heure suivante, je redressais la tête : « À quoi bon pleurer, se lamenter ? Ça ne changera rien, je dois aller de l'avant et avancer coûte que coûte. » Up and down en permanence.

Quand j'ai compris que cette situation allait se prolonger, j'en ai pris mon parti. J'ai fini par accepter ce que j'endurais. Je savais qui j'étais, ce que j'avais subi, j'avais ma conscience pour moi. Les échanges avec mes amis m'aidaient à y voir plus clair.

« Une info chasse l'autre, m'expliquait Salim. Dans quelques mois, tout le monde aura oublié.

— Tu crois ? lui disais-je avec une lueur d'espoir dans les yeux.

— Tout s'efface, tout disparaît. Les paroles de tes détracteurs s'envoleront aussi vite qu'elles sont venues. Alors, patiente, un jour pas si éloigné, tout cela sera derrière toi.

— Oui, c'est du vent tout ça, acquiesçait Sakina. Du virtuel. »

Elle avait raison. Je devais faire la différence entre les réseaux sociaux et la vraie vie. Le virtuel et le réel. J'en ai eu la confirmation lorsque j'ai accepté d'ôter mon masque et ma capuche pour me confronter au regard des autres. « Cette fois, tu ne vas pas m'attendre dans la voiture, me prévient Salim. Tu vas sortir d'ici ! Et surtout, ne te comporte pas comme si tu étais responsable de quoi que ce soit. Tu es la victime dans cette histoire, ne l'oublie jamais ! » J'ai mis un pied à l'extérieur de la voiture, puis l'autre, et j'ai affronté la réalité. Tout s'est bien passé. Pas de tremblement de terre.

Jamais au grand jamais je ne me suis fait insulter. Les gens que j'ai croisés dans la rue ont fait preuve d'une telle bienveillance que j'en ai été bouleversée ! Je n'ai entendu que des paroles réconfortantes : « Kheira, vous êtes remise ? » ou « Ne vous inquiétez pas, tout ira bien pour vous, vous êtes la meilleure ». Un jour, une dame d'une cinquantaine d'années s'est approchée de moi et m'a dit : « Je peux vous faire un bisou ? ». Sans compter toutes les demandes de selfies que j'ai acceptées avec un immense plaisir.

J'étais devenue une sorte d'attraction, de curiosité, ce n'était pas toujours facile à vivre. On me filmait, me photographiait. Je me souviens avoir été interpellée au restaurant par une personne qui voulait un selfie alors que j'avais la bouche pleine… Je me sentais extrêmement gênée de ces situations. Aujourd'hui, cette frénésie est terminée. Même si je suis toujours reconnue dans les lieux publics, ces rencontres demeurent toujours bienveillantes.

Au fil du temps, j'ai commencé à relativiser. Qui sont ces gens qui me haïssent ? Je ne les connais pas, ils ne me connaissent pas. Ils ne représentent rien pour moi. Ce qu'ils pensent, ce qu'ils écrivent, je m'en fous. Qu'ils doivent être malheureux dans leur vie pour s'en prendre à une inconnue ! Ils sont plus à plaindre que moi, finalement. Les cyber-harceleurs qui font régner la terreur sur Internet donnent l'impression d'être une écrasante majorité à cause de la viralité sur la toile, des barrières que le virtuel fait sauter dans l'échelle de la violence, de l'effet de masse que produit ce monde rempli de chiffres – les likes, les vues, les abonnés… Mais en réalité, ils sont une poignée de gens, des marginaux occupés à troller, déconnectés de ces belles personnes que j'ai croisées dans la rue et qui m'ont redonné foi en l'humanité.

Renouer avec le monde a marqué le début de ma remontada. J'ai retrouvé enfin le goût de vivre et de sortir. Mon statut de femme libre, j'ai voulu le fêter au restaurant avec ceux qui m'ont soutenue durant tous ces mois. J'appelle Salim :

« Salut, réserve un resto !

— Woaw ! C'est le début de la renaissance ou je rêve ? » me dit-il avec son humour habituel.

Ce soir-là, j'ai envie de m'habiller à nouveau. Cela fait si longtemps que je n'ai plus pris soin de moi. Moi qui adorais renouveler régulièrement ma garde-robe, je me rends compte que je n'ai rien acheté depuis bien longtemps. Je finis par trouver un jean et une chemise. Pour la première fois depuis des mois, je ressors ma trousse à maquillage. Tous ces automatismes que j'ai perdus, je les retrouve petit à petit. Je termine par mes cheveux. Je les démêle puis les laisse retomber sur mes épaules. Je me rends compte qu'ils ont perdu tout leur éclat. Mes boucles sont fatiguées, leur couleur, terne. Je tente malgré tout de leur redonner forme. Je sors de la salle de bains. Sakina, ma mère et Salim m'attendent dans le salon, assis sur le canapé.

« La nouvelle Kheira est née ! » s'exclame Sakina.

Ma mère ne dit rien, mais son regard rempli d'amour parle pour elle. Pour couper court à l'émotion, Salim lance :

« Quand tu recommenceras à faire des défilés de mode devant ton miroir et à t'occuper de ta crinière, alors ça voudra dire que tout ira bien. Let's go ! »

Nous passons une excellente soirée, évoquons ma vie avant l'agression. L'ambiance est légère, je revis. Les anecdotes s'enchaînent, les éclats de rire aussi. Je sens quelques regards sur moi, perçois les chuchotements des clients se poussant du coude : « Regarde, c'est la footballeuse qui s'est fait attaquer ! » Cependant, personne n'ose s'approcher, ce qui nous permet de profiter pleinement de notre dîner. J'observe ma mère. Elle est rayonnante. Elle aussi revit.

Une semaine plus tard, Sakina débarque à la maison.

« Allez, habille-toi, je t'ai pris rendez-vous chez le coiffeur et la manucure. Il faut que tu te reprennes en main maintenant ! »

Un jour, je lui ai demandé pourquoi elle avait fait preuve de tant de générosité et d'abnégation à mon égard. Elle qui se montrait si distante à l'origine, je voulais comprendre.

« Je suis croyante, me dit-elle, je ne peux pas laisser quelqu'un dans la détresse sans essayer de l'aider.

— Tu fais tout ça par devoir ?

— Pas seulement. Je n'oublie pas ce que tu as fait pour moi lorsque je suis arrivée en équipe de France. Tu m'as soutenue, portée, rassurée. C'est une façon de te rendre ce que tu m'as donné. Je n'oublierai jamais, tu es ma sœur. »

À la suite des nombreuses auditions et de l'excellent travail des enquêteurs de police, la vérité commence à éclater au grand jour. Les agresseurs confirment avoir agi pour le compte d'Aminata Diallo. Ici et là, des articles sont publiés, comme le magazine *So Foot* qui titre le 20 septembre 2022 : *Diallo aurait bel et bien commandité l'agression de Kheira Hamraoui.* Pour la première fois, je suis reconnue comme victime dans les médias et sur les réseaux sociaux. Il reste encore un long chemin à parcourir, mais déjà, je me sens libérée d'un poids. Je me sens prête à réinstaller Instagram et reviens sur les réseaux sur la pointe des pieds. Je commence à poster des photos de sport, puis ressens le besoin d'écrire un mot à mes followers. J'en retranscris quelques lignes :

Je tiens à remercier toutes les personnes qui m'ont apporté leur soutien. Quand je pense à vous tous et vos messages, les larmes me viennent, je suis très émue par toute cette bienveillance… Aussi je voudrais adresser un message d'apaisement, de paix et d'amour à toutes les personnes qui m'ont insultée, dénigrée, critiquée, je ne leur en veux pas et je reste persuadée qu'ils ont été manipulés…

« Ils ont essayé de nous enterrer, ils ne savaient pas que nous étions des graines. »

Mon doigt flotte au-dessus du bouton « publier », hésitant. J'appuie et j'ai l'impression de me jeter dans le vide, dans le vide du regard des autres. En silence, j'attends. Une notification apparaît. Puis une autre. « Kheira, le retour ! » Et des centaines d'autres. Je respire.

Oui, je suis une graine qui pousse, arrosée chaque jour par l'amour que je reçois de mon entourage. Je recommence à vivre, à sortir, et surtout à jouer. Le PSG me réintègre dans le groupe. Le quotidien n'est pas tous les jours facile, mais l'essentiel est que je foule à nouveau la pelouse. Mes amis, constatant que je remonte la pente, décident de faire un test.

« On veut que tu revives normalement, donc ce soir, nous n'allons pas rester avec toi, m'annonce Sakina.

— OK, pas de souci. »

Il faut en effet que je retrouve mon autonomie. Combien de temps encore vais-je mettre mon entourage à contribution pour m'assister jour et nuit ? Les mois ont passé, je me sens suffisamment forte pour dormir seule chez moi. Vers 19 h, je me prépare à dîner, j'allume la télé que je ne regarde pas, j'ai juste besoin d'un fond sonore. Je me surprends à tendre l'oreille au moindre bruit suspect ; le claquement d'une porte, les pas du voisin du dessus. Je suis clairement en alerte. Je meuble ma solitude en passant un coup de fil à Yassine et à Anna, une façon de ne pas me sentir trop isolée. Puis vient l'heure de me coucher. J'éteins la lumière de ma chambre, la rallume. Je ne peux pas rester dans l'obscurité totale. Je me tourne, me retourne dans mon lit. Impossible de fermer l'œil, je ne me sens pas bien. Je regarde ma montre régulièrement, compte les minutes pour que le jour se lève. Il est à peine 2 h du matin et la nuit s'éternise. Je me lève pour boire un verre d'eau. Et si je rallumais la télé ? Non, je dois dormir. 2 h 30, 3 h, 3 h 30… Je me sens de plus en plus mal. À 4 h, n'y tenant plus, j'appelle Salim :

« Viens, s'il te plaît, je n'y arrive pas ! »

Mon ami débarque au bout d'une demi-heure.

« C'est difficile, n'est-ce pas ? me demande-t-il.

— Oui, plus que je ne l'aurais imaginé.

— OK, dis-moi ce que tu ressens. »

J'essaye comme je peux de lui décrire mes appréhensions. J'ai conscience de régresser à un état que je n'ai jamais connu. J'ai beau prendre sur moi, je ne parviens pas à surmonter mes peurs.

Comme si je cherchais à me justifier, je lui dis :

« Tu sais, ça va venir, je vais y arriver !

— Je n'ai aucun doute », me répond Salim, toujours rassurant.

À 6 h du matin, je sens que le sommeil me gagne. Mes paupières sont lourdes. Nous sommes en hiver, le jour est loin de se lever, mais à l'extérieur, la vie recommence.

« C'est bon, je pense que je peux aller dormir. Merci d'être venu, Salim. »

Comme une enfant à qui l'on apprend à dormir seule dans sa chambre, mes amis me sèvrent progressivement de leur présence pendant trois semaines. Puis un soir, je me sens prête. Ils quittent la maison vers 19 h. Je reste quelques minutes sur place, un peu déconcertée, me dirige vers mon téléphone comme pour rechercher une présence. Je découvre avec soulagement un appel manqué de Yassine que je rappelle dans la minute. Je ne lui cache rien de ce que je ressens.

« Je vais dormir seule pour la première fois, je n'en mène pas large !

— De quoi as-tu peur ? me demande-t-il.

— Je n'ai plus vraiment peur, ça me fait juste bizarre de me retrouver face à moi-même. Comme si j'avais perdu mes habitudes, je ne sais pas quoi faire.

— Tu les as perdues et c'est normal. Tu vas te retrouver progressivement, je ne suis pas inquiet. Essaye de te détendre, regarde une bonne série à la télé, ça va aller ! Et si tu ne te sens pas bien, tu sais que je suis là.

— Merci, Yassine. »

Ce soir-là, je réussis à dormir seule pour la première fois depuis des mois.

Que d'étapes à franchir pour mener à nouveau une vie normale ! Je retrouve le plaisir du terrain avec mon club. Seule ombre au tableau : l'équipe de France. Je nourris alors toujours l'espoir d'être convoquée pour participer à l'Euro 2022, hélas, je ne figure pas sur la liste. C'est un préjudice pour moi. Mais au lieu de me laisser abattre, je décide de partir cinq semaines en vacances. Je ne vais pas me flageller à Paris et regarder mes coéquipières à la télé. J'ai besoin de faire le vide, découvrir d'autres paysages, poursuivre ma reconstruction. Et surtout mener une vie normale. Je loue une maison en bord de mer à Lanzarote, en Espagne, avec quelques amis parmi lesquels Anna et Jordy, mon préparateur physique. Il fait partie de tous mes déplacements. Je veux bien m'amuser, mais ne perds jamais de vue l'essentiel : ma forme physique. Je tiens à revenir au top et sans un kilo en trop pour la reprise des entraînements au mois de juin. Je sais qu'en gardant mon poids idéal et une hygiène de vie correcte, je serai plus performante sur le terrain. Chaque matin sans exception, je travaille – jogging, étirements, endurance, exercices de musculation –, le reste de la journée, place au farniente, aux bons restos et à la fête. Je termine mes vacances en beauté dans la demeure familiale maternelle, en Algérie. Ma grand-mère a légué cette maison à ses enfants et chaque été, nous nous retrouvons entre cousines, belles-sœurs, tantes et amies.

Cette maison se situe à Bou Hanifia, un petit village entouré de montagnes, à quatre-vingts kilomètres d'Oran. L'endroit est réputé pour sa cure thermale qui abrite des bains datant de l'époque romaine. Les vertus curatives des eaux attirent des milliers de touristes chaque année. C'est l'affluence des malades et le récit de leur guérison qui ont construit la notoriété de ce lieu. On appelle d'ailleurs ces sources « les eaux qui sauvent ». Dans l'un de ces bassins d'eau à ciel ouvert, je plonge doucement mes jambes. Les hématomes sont partis. Les muscles sont saillants. Seule une fine cicatrice blanche sur ma cuisse rappelle mon agression.

Ma mère, déjà sur place, m'attend sur le pas de la porte, folle de joie à l'idée de passer une semaine avec moi. À ses côtés, ma cousine Nawel affiche un grand sourire en m'apercevant. Nawel est la sœur de Hanane, elle a vingt-neuf ans et une charmante particularité physique : ses yeux bridés qui font souvent l'objet de plaisanteries. « Mais d'où sors-tu cette tête de Chinoise ? » la taquine-t-on régulièrement. Je suis heureuse de la retrouver.

La chaleur est étouffante et le pantalon que je porte me colle à la peau.

« Enlève ça, me dit ma mère, nous avons confectionné pour toi et ta cousine un vêtement léger ; vous serez plus à l'aise. »

Elle sort de l'armoire deux gandouras – longues tuniques traditionnelles amples et fluides –, l'une turquoise, l'autre rouge. Je choisis la bleue, l'enfile et, tout de suite, me sens beaucoup mieux. Du thé et quelques gâteaux sont posés sur la table. Je salive à l'avance en pensant aux savoureux plats que ma mère et mes tantes préparent : des keftas – de délicieuses boulettes de viande aux mille et un parfums –, du couscous, des tajines. Ce n'est pas ici que je vais maigrir, mais impossible pour moi de résister à ces mets que j'affectionne tout particulièrement. Le régime, ce sera pour plus tard. À peine arrivées, nous décidons de nous rendre au hammam. Je m'allonge près de ma mère, ferme les yeux et laisse libre cours à mes pensées. J'ai quitté Paris depuis quatre semaines et j'arrive enfin à me déconnecter de la réalité. Rien ne peut venir perturber la quiétude du moment. Je refuse de me remémorer ces derniers mois, d'anticiper ce qu'il se passera pour moi à mon retour au club.

De nombreuses interrogations subsistent, mais il sera toujours temps d'y réfléchir le moment venu. Pour l'instant, je profite et vis l'instant présent.

En fin de journée, nous décidons de nous recueillir sur la tombe de ma grand-mère. Je ne viens jamais en Algérie sans m'y rendre au moins une fois. Son visage s'immisce dans mes pensées. Je la revois assise devant sa télé. Elle éprouvait une telle fierté de me voir jouer ! Elle n'a hélas pas assisté à mes succès, mais Dieu merci, elle aura été épargnée du pire.

En rentrant à la maison familiale, je retrouve ma cousine Hanane. Elle loge à quelques kilomètres de là, chez sa belle-famille. Ce soir, elle est venue avec mari et enfants passer un moment avec nous. Mon téléphone sonne, c'est Anna. Elle s'inquiète de ne pas avoir de mes nouvelles. Pas un jour ne se passe sans que nous nous parlions ou nous écrivions. Je la rassure :

« T'inquiète, tout va bien, je profite de ma famille. »

Le lendemain, après une journée à paresser, nous décidons d'aller dîner à Mascara, la grande ville située à vingt-quatre kilomètres de la maison. Au dix-neuvième siècle, les Français ont découvert des gisements d'antimoine, une roche que les tribus nomades utilisaient comme produit de beauté, mais aussi en prévention de certaines maladies des yeux. Elle était concassée et broyée jusqu'à donner une poudre dont ils tiraient un collyre, le khôl. Ceci explique pourquoi le mascara désigne un cosmétique pour les cils.

Nous marchons à travers la ville sous trente-trois degrés, passons devant la grande mosquée. Des magasins de cuivre, de bois et de tapis côtoient quelques grandes enseignes. Nous prenons place dans un restaurant traditionnel, sur de moelleux coussins colorés, et nous picorons la kémia, un assortiment de plats : carottes et fèves au cumin, salade de pois chiche et d'aubergines. Nous nous régalons, c'est une délicieuse soirée. Durant le dîner, une pensée furtive traverse mon esprit : le pèlerinage que je m'apprête à faire sur la tombe de mon père. Je n'y suis pas retournée depuis son décès. Je chasse rapidement ces images pour ne pas assombrir le moment privilégié que je passe avec ma famille.

Quelques jours plus tard, je repars avec ma mère et Nawel vers l'aéroport d'Oran. Je ne peux pas envisager de rentrer en France sans me recueillir. Nous prenons un avion en direction d'Alger, puis après une nuit dans un très bel hôtel, un chauffeur vient nous chercher pour nous emmener à Tigzirt, le petit village où mon père vivait. J'ai l'impression d'être coupée du monde. Je me demande toujours comment mon père a pu passer d'une grande ville comme Roubaix à cet endroit si isolé. Il n'y a pas âme qui vive. Il faut dire que la chaleur nous plonge dans une sorte de torpeur. Les habitants restent cloîtrés dans leurs maisons, les volets clos.

La voiture nous dépose devant la maison où vit ma famille paternelle. Je me crispe, reste sur mes gardes, comme une lionne qui avancerait en terres inconnues, sans savoir encore si elle sera la bienvenue. Sa famille est réduite à très peu de personnes, car les frères de mon père sont également décédés. Ses enfants sont absents, seul son neveu nous accueille en compagnie de sa femme. Me retrouver dans l'environnement de mon père, là où il a vécu la dernière partie de sa vie, me déstabilise, comme après son enterrement. Je me sens presque une étrangère parmi ces gens que je côtoie si rarement. Mon regard parcourt la pièce à la recherche d'un objet, d'une photo qui me ramènerait à lui. Je ne vois rien. Les discussions sont cordiales. À aucun moment, nous n'évoquons le souvenir de mon père ni les derniers instants de sa vie. Je ne cherche pas à en savoir davantage et ne pose aucune question.

Après le déjeuner, nous nous rendons au cimetière. Ma mère se décale pour me laisser une place face à la stèle blanche recouverte d'un peu de terre qui a remplacé les simples pierres de la dernière fois. Le temps a passé. Je m'accroupis et, de mes mains, j'enlève les cailloux qui recouvrent le nom de mon père. Je reste quelques instants silencieuse, concentrée sur les souvenirs qui me restent de lui.

Son visage me revient clairement en mémoire. Il se fond dans le décor, dans la chaleur, dans les couleurs de ce pays. Je crois saisir alors qu'il se sentait là à sa place, je visualise la paix qu'il a trouvée dans la douceur de ce climat. Ce n'est pas le pardon qui effleure mon esprit, car je n'en ai jamais voulu à mon père d'être parti. À sa façon, il a toujours été là et je sais aujourd'hui que la vie est ce qu'elle est, que nos passions, notre personnalité nous poussent parfois irrésistiblement ailleurs. Je n'ai rien à lui pardonner et je le comprends. Je prie, puis nous rebroussons chemin.

Le chauffeur patiente à l'entrée. Direction l'aéroport. Ma mère retourne à Bou Hanifia, Nawel et moi rentrons en France. Il est temps de me reconcentrer sur le football.

La nouvelle saison au club ne s'annonce pas sous les meilleurs auspices, je ne suis pas convoquée en même temps que mes coéquipières car le PSG cherche à me vendre. Il paraît que je ne fais plus partie de leur plan sportif. Je n'en crois pas un mot. Le club m'isole pendant huit semaines. Je ne m'entraîne pas avec le groupe. Qu'à cela ne tienne, je me battrai comme je me suis toujours battue pour retrouver mon rôle au sein de l'équipe. Je le retrouve. Je reprends mon statut de titulaire jusqu'en décembre 2022. J'ai la naïveté de penser que les choses vont naturellement reprendre leur place, mais à la suite de la trêve hivernale, en janvier 2023, je suis de nouveau mise à l'écart : l'entraîneur me laisse sur le banc un match sur deux. Je ne céderai pas plus aujourd'hui qu'hier, je tiendrai jusqu'au bout.

J'en ai tellement bavé depuis un an et demi ! Ce n'est pas un micro-événement comme celui-ci qui me fera craquer ou pleurer. Mes larmes ne couleront plus pour eux. Les médisances et les mises à l'écart ne m'atteignent plus. Je suis armée.

Mon contrat avec le club arrive à son terme le 30 juin 2023. Je ne sais pas de quoi l'avenir sera fait, ma boule de cristal ne m'a encore rien annoncé. Je fais confiance à la vie. J'ai trente-trois ans, ma carrière est derrière moi plus que devant, mais je refuse de penser que ce club sera le dernier. Tant que mon corps me le permettra, je continuerai. Grâce à mon travail et à ma ténacité, je me suis construit une belle vie. Je ne néglige pas la part de chance. Quand je repense à ma dernière année au FC Barcelone, je ne peux m'empêcher de penser que je m'y suis trouvée au bon moment, au bon endroit et avec les bonnes personnes. En fait, je me tiens prête, comme si j'attendais sur le quai d'une gare que le train passe, prête à bondir. Je suis préparée physiquement, psychologiquement, attentive, en alerte, alors, même s'il passe vite, je monte dedans et je trace.

Aujourd'hui, je suis revenue à la vie et tout m'est possible. La peur m'a quittée, je ne suis toujours pas envahie par la haine, ni la colère. Je ne ressens que peine et pitié envers ceux qui m'ont fait du mal. Parfois je me demande si je serai capable de leur pardonner. Dieu accorde son pardon. Qui suis-je pour refuser de le donner ? Oui, je pardonnerai, mais à condition qu'ils assument et reconnaissent leur faute. Qu'ils expriment des regrets. Ce n'est pas le cas aujourd'hui. J'aurais préféré ne jamais connaître les affres d'une telle souffrance, pourtant ce que j'ai enduré a fait de moi la personne que je suis aujourd'hui. Forte, droite et inébranlable. J'étais une fille, je suis devenue une femme posée et réfléchie. J'ai sans doute perdu un peu de mon insouciance, mais j'ai tant gagné en maturité et en lucidité. Lors d'une conversation téléphonique avec Sonia, nous avons évoqué un jour ce sujet.

« Tu sais, m'a-t-elle dit, nous avons cinq ans d'écart. Avant ton agression, j'avais l'impression d'en avoir dix de plus que toi. Aujourd'hui, nous avons le même âge et même, tu sembles plus mûre que moi sur certains points.

— Je comprends ce que tu veux dire. C'est bizarre, mais la maturité n'est pas quelque chose qui se gagne si facilement dans le sport de haut niveau. On fait les choses plus tôt que tout le monde – vivre sans ses parents, être dans la compétition, pousser son corps à ses limites alors qu'il grandit encore –, pourtant ça ne nous rend pas plus adultes. Tu le sais aussi bien que moi, nous, sportifs et sportives de haut niveau, vivons dans une bulle, en dehors de la vraie vie. Nous sommes assistés en permanence, encadrés. Nous ne sommes pas confrontés aux difficultés du quotidien. L'argent ne représente plus un problème, peut-être même en perdons-nous la notion. Nos préoccupations se limitent à nos performances sur le terrain, nos victoires, nos futurs clubs et le maintien de notre forme physique.

— Oui, c'est vrai, reconnaît-elle. Et de ce fait, les sportifs, quels qu'ils soient, sont particulièrement centrés sur eux-mêmes, jusqu'à en oublier l'essentiel parfois.

— Oui, d'autant que nous sommes courtisés, admirés dans les stades, dans la rue, partout. Alors, en effet, nous vivons la plupart du temps en dehors de la réalité. La médiatisation et le succès ne m'ont jamais fait perdre la tête, mais je n'aurais jamais imaginé être détestée et critiquée comme je l'ai été. »

Il aura fallu cette épreuve pour que je remette en perspective certains domaines de ma vie, notamment mes relations amicales. De nombreuses personnes gravitaient autour de moi, des hommes, des femmes, parfois intéressés, parfois sincères. Il était difficile de faire la part des choses, et en avais-je réellement envie ? Peut-être me suis-je laissé griser par tant d'attentions à mon égard. L'avis des autres et l'image que je leur renvoyais comptaient pour moi. À l'époque, j'ai multiplié les contacts, accepté que des inconnus entrent dans ma vie. Je me pensais aimée par ces gens, il n'en était rien. Je m'entourais de nouvelles copines – c'est du moins ce que je pensais – auxquelles je me confiais sans crainte. Je l'ai payé cher ! Je faisais confiance. Je ne voyais le mal nulle part. J'étais éparpillée, légère et innocente. Que reste-t-il de cet entourage, entre celles qui m'ont trahie, celles qui m'ont tourné le dos et celles qui n'ont manifesté qu'une cruelle indifférence face à ce que j'endurais ? Toutes ces déceptions m'ont fait mûrir d'un coup. J'ai appris à mettre des limites et des distances avec l'extérieur.

J'ai fait le vide autour de moi et revu mes priorités : mes amis dont il ne reste que les piliers, les éternels qui se comptent sur les doigts d'une main, le football et, avant tout, ma famille. Elle est ma colonne vertébrale, ma boussole. Je m'étais engagée à les gâter le jour où je deviendrais footballeuse professionnelle. J'ai tenu ma promesse. J'ai installé ma mère dans un bel appartement, je la couvre de cadeaux. Je veux lui rendre au centuple ce qu'elle m'a donné. Elle s'est sacrifiée pour nous offrir tout ce dont nous avions besoin, elle nous a éduqués et a fait de nous des adultes responsables. Elle a été la seule à croire en moi et à me soutenir depuis le début. Si j'en suis là, c'est aussi grâce à elle. Je n'oublie pas mes frères, mes neveux et nièces. Mission accomplie. Je ne pense pas les avoir jamais négligés, mais prise dans le tourbillon de ma vie, je ne leur ai peut-être pas consacré toute l'attention qu'ils méritaient. Aujourd'hui, j'ai changé, je prends le temps d'écouter, d'apprendre, de prier. Je m'intéresse aux autres, ce que je ne faisais pas forcément avant et, surtout, je ne laisse plus passer une occasion de partager de beaux moments avec mes proches.

Cette épreuve m'a fragilisée et endurcie en même temps. Fragilisée parce que j'ai ouvert les yeux. Par la force des choses, ma bulle s'est brisée et m'a fait découvrir la nature humaine parfois si cruelle. Adieu le monde des bisounours ! Endurcie, car j'ai le sentiment qu'en dehors de ma famille et de mes amis proches, plus rien ne peut m'atteindre. Je me suis coupée de mes émotions. Ce qui me touchait ou m'arrachait des larmes me laisse aujourd'hui de marbre. Je n'irai pas jusqu'à penser que je suis devenue insensible, mais j'ai tellement souffert qu'inconsciemment, j'ai ressenti le besoin de me protéger, me blinder. Je le déplore, c'est indépendant de ma volonté. J'ai entrepris un travail sur moi avec un coach mental et un thérapeute pour retrouver ma sensibilité et apprendre à gérer mes émotions. J'avance vers le chemin de ma résilience.

Je veux devenir la meilleure version de moi-même.

Ce livre ne se résume pas au seul témoignage d'une footballeuse qui a surmonté tous les obstacles pour réaliser ses rêves. Si j'ai décidé de raconter mon histoire, c'est pour apporter un message d'espoir à ceux qui n'y croient plus, qui désespèrent, qui perdent confiance en eux et en la vie. Ceux qui se résignent, qui capitulent face aux épreuves, parfois trop douloureuses. À travers ce que j'ai vécu, je peux dire aujourd'hui qu'à partir du moment où nous sommes aimés et bien entourés, rien n'est infranchissable. Mais ce n'est pas tout. Nous-mêmes sommes les artisans de notre propre renaissance. L'essentiel est de ne jamais perdre cette petite flamme au fond de nous. Cette petite flamme qui nous tient debout et nous dit : *Persévère ! Tu vas y arriver !* Il suffit de le vouloir et de s'en donner les moyens, car nous possédons tous des ressources insoupçonnées que nous découvrons à travers les épreuves. Une force intérieure que nous allons chercher au plus profond de notre être dès lors qu'on ne se pose pas en victime. Comme je l'ai écrit précédemment, j'ai toujours refusé de m'apitoyer sur mon sort. J'ai craqué parfois, car je ne suis pas un robot, mais jamais je ne me suis dit : *Pauvre Kheira, ce qui t'arrive est horrible !* Non ! Jamais, parce que je savais que j'entrerais dans un cercle vicieux, une spirale négative dont je ne me serais peut-être jamais sortie. Je me suis battue en essayant de toujours garder la tête hors de l'eau. J'étais convaincue que cette épreuve m'était arrivée pour me faire avancer. Je ne me suis pas trompée. Elle fait partie de mon chemin de vie. J'ai transformé le mal en énergie positive parce que, même dans les heures les plus sombres, je me disais : un jour, tout ira bien. Rien n'est figé, tout passe. La lumière brille toujours au bout du tunnel. Ma foi en Dieu a contribué à ma reconstruction. Si Dieu est avec moi, personne ne sera contre moi. Je me suis approprié cette devise que je me répète sans cesse.

Mon combat n'est pas terminé.

Après un an d'absence en équipe de France, Corinne Diacre m'a rappelée. J'ai eu l'immense bonheur de rejouer sous les couleurs de mon pays et endosser le maillot bleu. Puis la coach a été licenciée et, aujourd'hui, Hervé Renard, le nouveau sélectionneur des Bleues, invoquant un « choix sportif », a choisi de ne pas me convoquer pour disputer les deux matchs amicaux face à la Colombie et au Canada.

Si j'avais été espagnole, allemande, italienne ou tout simplement un homme, comment auraient réagi les fédérations ? M'auraient-elles évincée après ce que j'ai enduré ? Cette question me trotte dans la tête.

La Fédération française de football, ma fédération, l'a fait et ce n'est pas une surprise. Depuis le début de cette triste histoire, la FFF ne m'a jamais tendu la main. Pas un mot de soutien ni de compassion. Cette institution s'est pourtant constituée elle aussi partie civile dans cette affaire. Elle a donc accès à tous les éléments de mon dossier. Elle n'ignore rien des manœuvres orchestrées par ceux qui me veulent du mal. Elle sait ce que j'ai vécu, ce que j'ai subi. Elle sait tout. Absolument tout. Et pourtant, la FFF, volontairement ou pas, continue de servir la cause de ceux et celles qui cherchent encore à me détruire pour atteindre leur objectif : m'écarter de l'équipe de France.

Aujourd'hui, la Fédération française de football m'empêche de représenter mon pays, de porter ce maillot bleu qui signifie tant pour moi.

Ma déception est vertigineuse, mais je refuse d'arrêter de rêver.

Rêver à la Coupe du monde 2023 et aux Jeux olympiques 2024. J'aurai alors trente-quatre ans, l'âge de fonder un foyer.

Je n'ai pas encore décidé du moment où je mettrai un terme à ma carrière. L'heure n'a pas encore sonné. Ce que je sais, c'est que je quitterai le monde du football avec des souvenirs plein la tête et le sentiment d'une mission pleinement accomplie. Je laisserai derrière moi ma première vie pour me consacrer à la seconde : construire ma famille.

J'ai évolué dans une bulle toutes ces années, une bulle hors du temps. Je prendrai alors le temps de vivre une vie normale.

Une vie connectée à un monde normal.

Le lionceau est mort, vive la lionne !

Épilogue

La fin de saison se profile. Nous venons d'être éliminées en quart de finale de la Ligue des champions par les Allemandes de Wolfsburg qui ne nous étaient pourtant pas supérieures. Gagner le championnat est encore possible et il nous reste une finale de Coupe de France à disputer contre notre éternelle rivale : l'Olympique Lyonnais.

Mon avenir demeure incertain. J'entends parfois que le PSG refuse de me prolonger, mais ce n'est pas la réalité des choses. C'est moi qui ne souhaite plus faire partie de ce club, dépourvu de valeurs, de principes et d'humanité. J'y ai vécu un enfer après mon agression, mais j'ai toujours voulu garder la tête haute. Pour moi. Pour ma famille, mes proches et mes coéquipières qui m'ont toujours soutenue. Pour les victimes que je représente.

Je suis restée professionnelle jusqu'au bout, sur le terrain et en dehors. Je n'ai jamais failli. Et personne ne pourra prétendre le contraire.

Même si les dirigeants du PSG reconnaissaient leur erreur, rien ne réparera le mal qu'ils m'ont fait.

Alors je vais quitter Paris pour retrouver un environnement plus sain, plus joyeux, et surtout plus humain…

Puisse mon histoire aider toutes les victimes à se battre et à ne jamais avoir honte de leur sort.

Remerciements

Merci à ma maman que j'aime plus que tout au monde. Merci pour tous les sacrifices concédés tout au long de ta vie et pour ton amour inconditionnel. Tu m'as inculqué les valeurs du travail, du respect et de l'humilité et as fait de moi ce que je suis aujourd'hui. C'est à toi que je le dois.

Merci à toute ma famille et à mes proches de ne m'avoir jamais lâchée et de m'avoir donné tout cet amour depuis petite. Je vous aime tellement.

Merci à mes quatre grands frères, mes piliers, qui m'ont laissé vivre mes rêves. Merci d'avoir toujours cru en moi, de m'avoir fait confiance, d'avoir traversé les épreuves à mes côtés en ayant la sagesse et les mots pour apaiser mes souffrances et mon cœur. Merci à vous de m'avoir aidée à garder les pieds sur terre.

Merci à mes cousines de m'avoir soutenue et surtout d'avoir toujours eu confiance en moi.

Merci à mes premiers entraîneurs, Mustapha, Mohamed et Farid : sans vous, je n'aurais jamais pu commencer le football.

Merci à Rabah, Amar, Kamel que je considère comme des frères et avec qui j'ai usé mes premiers crampons.

Merci Yassine, mon meilleur ami, pour avoir eu les mots justes et les meilleurs conseils depuis mes débuts.

Merci Léa et Anna pour votre indéfectible soutien, votre loyauté et votre amour depuis toutes ces années. Vous êtes les sœurs que j'aurais aimé avoir.

Merci à Jenna et Amel d'avoir toujours été là, malgré la distance, dans les bons comme dans les mauvais moments. Je n'oublierai jamais.

Merci au grand Salim de m'avoir supportée dans tous ces moments difficiles, de m'avoir fait pleurer pour m'endurcir et d'avoir été là à chaque étape de cette épreuve. Tu m'as écoutée chaque jour à n'en plus pouvoir… Je suis désolée de t'en avoir fait voir de toutes les couleurs.

Merci à Dalila, mon amie d'enfance qui m'a toujours soutenue, supportée et attendue des heures pendant que je jouais au foot.

Merci Hassanyah d'avoir pris soin de moi quand tu le pouvais.

Merci à Sonia et Patrick, qui sont pour moi plus que des agents, mais des amis. Vous faites partie de ma famille. Merci pour tous vos conseils, votre soutien, votre loyauté et votre franchise. Merci pour cet amour que vous me portez.

Merci à toi Thierry Braillard, pour ton travail et ta bienveillance mais aussi pour tes blagues qui me donnent toujours le sourire.

Merci à Sakina. Tu ne m'as jamais lâchée. Tu as toujours eu les bons mots. Tu as su garder ton sang-froid, me couver et me protéger quand il le fallait. Tu m'as aussi redonné le sourire. Je ne t'en remercierai jamais assez.

Merci à Jordy et Chafik pour m'avoir poussée quand je n'en pouvais plus et m'avoir permis de progresser et de maintenir ma forme physique depuis toutes ces années. Vous avez été des soutiens d'une force rare.

Merci à AJ pour avoir su garder son calme. Merci pour tes mots qui m'ont donné du baume au cœur ! Merci pour ta gentillesse et nos rires.

Merci à Maître Said Harir. Au-delà de votre investissement professionnel, vous avez été bienveillant tous ces mois et vous avez toujours su me rassurer dans cette lourde procédure.

Merci à Maître Julia Minkowski d'être un exemple de femme forte. Vous m'avez inspirée. Et à vous aussi, Vincent, pour votre gentillesse.

Merci à mes « Espagnoles » qui, de loin, m'ont envoyé beaucoup d'amour et de soutien.

Merci aux belles personnes que j'ai découvertes à travers ces moments difficiles.

Merci à mes petites fidèles qui se reconnaîtront sûrement.

Merci à toi, Dominique, pour ton aide si précieuse dans l'écriture de ce livre, ton écoute et ta gentillesse.

Merci à mon éditeur, JC Lattès, pour m'avoir donné l'opportunité de raconter mon histoire avec mes mots.

Et merci au « Petit Lutin », il se reconnaîtra.

Enfin, MERCI pour vos mots, votre soutien au quotidien, l'amour que vous me portez. Sans vous tous, je ne serais jamais devenue la personne que je suis aujourd'hui.

Merci du fond du cœur.

Je voudrais encore remercier plein de belles personnes qui font partie de ma vie, qui m'ont aidée à me reconstruire et à relever la tête, mais je préfère m'arrêter là, avec des larmes sur mon visage, tellement vous m'avez submergée d'amour depuis toutes ces années.

Je ne le dis pas souvent, mais je vous aime tellement.

Vous faites partie de ma famille.

Vous êtes dans mon cœur. Chacun à votre manière, vous avez été des exemples pour moi.

Kheira

Table des matières

Cet ouvrage a été composé par PCA

Imprimé en France par
CPI BRODARD & TAUPIN (72200 La Flèche)
en mai 2023

pour le compte des Éditions J.-C. LATTÈS
17, rue Jacob – 75006 Paris

PAPIER À BASE DE
FIBRES CERTIFIÉES

JC Lattès s'engage pour l'environnement en réduisant l'empreinte carbone de ses livres.
Celle de cet exemplaire est de :
450 g éq. CO_2
Rendez-vous sur
www.jclattes-durable.fr

N° d'édition : 01 – N° d'impression : 3051604
Dépôt légal : juin 2023
Imprimé en France